별 헤는 학교 | 대안학교 졸업생이
버클리 음대에 간 꿈같은 이야기

나만의 별을 찾는 아이들

| 별 헤는 학교 | 대안학교 졸업생이
버클리 음대에 간 꿈같은 이야기 |

나만의 별을 찾는 아이들

장유행 지음

자화상

프롤로그

　　10대에 막 접어들기 시작한 딸아이를 대안 학교에 입학시켰습니다. 그것도 산길을 따라 올라가야 나오는 작은 마을에 있는 학교였습니다. 견학차 처음 학교를 찾아갔을 때, '이런 곳에도 학교가 있구나' 하고 호기심 반 감탄 반으로 학교와 마을을 둘러보았습니다. 학교는 작은 마을의 한가운데에 있었고 그 주변에 교사들의 집이 옹기종기 자리 잡고 있었습니다. 학교의 학생은 통틀어 40명 남짓이었는데 교실보다 자연 속에서 더 많은 시간을 보내는 듯했습니다. 전교생이 기숙사에서 지내었는데 학교와 마을을 둘러보는 동안 수업을 마친 아이들이 동네를 해맑게 뛰어다녔습니다. 2012년 가을, 그때가 별무리학교와의 첫 만남이었습니다.

　　우리 아이들이 별무리학교에서 공부하고 생활하면서 경쟁이나 성공보다 더 위대한 인생의 가치를 배워가기를 소망했습니다. 어려운 상황도 기꺼이 받아들이고 인내할 줄 아는 사람으로, 남을 배려하고 존중하는 사람으로 그리고 무엇보다 자신을 사랑하고 다른 사람을 사랑할 줄 아는 사람으로 성장하기를 기도했습니다. 도시의 공립학교를 보내면서 이런 가치를 지켜나가는 부모도 많지만 비슷한 가치관을 가진 사람들이 모인 교육공동체 안에서 분명 더 많이 배우고 성장할 수 있으리라는 믿음이 있었습니다.

지금도 마음 깊은 곳에 인상적으로 남은 장면이 하나 있습니다. 입학 첫해 교사 학부모 컨퍼런스가 있던 날 강당에 모인 부모들의 모습입니다. 자녀교육이라는 거룩한 사명을 가슴에 품고 산골 학교에까지 찾아온 수많은 학부모를 보면서 그날 받았던 느낌은 일종의 전우애 같은 것이었습니다. 어쩌면 그날 느꼈던 강렬한 감격이 10년간 대안교육을 지속해올 수 있도록 해준 원동력이 되었는지도 모르겠습니다.

학부모 총회와 컨퍼런스에서는 모든 부모와 교사가 모여 학교의 교육철학을 공유했고 매월 각 지역의 학부모 모임에서는 아이들을 위해 함께 기도했습니다. 아이들에게 크고 작은 문제들이 생길 때마다 내 자녀의 일처럼 함께 걱정하고 위로하는 따뜻한 모습을 보며 자녀의 양육 과정은 곧 부모의 성장 과정이라는 사실도 알게 되었습니다. 돌아보면 그 긴 시간을 지나 여기까지 올 수 있었던 것도 공동체 안에서 함께 삶을 나눌 수 있었던 학부모들 덕분입니다. 학교의 행사가 있을 때면 열 일 제치고 학교로 달려가는 부모, 운영위원회 회의를 위해 주말을 반납하고 두어 시간을 운전해 회의에 참석했던 부모, 학생 기자단 아이들이 인터뷰하러 찾아갈 때마다 바쁜 중에도 마음을 열고 인터뷰에 응해주신 부모, 축제 전야 때마다 전교생들과 선생님들을 위해 바비큐 파티를 열어준 부모, 김장철마다 일손을 돕기 위해 휴가를 내고 김장 봉사를 해준 부모, 잡지를 통해 자신의 살아온 삶의 이야기를 진솔하게 전해주던 부모…… 모두 교육 공동체를 아름답게 만들어가는 장본인들이었습니다.

2013년 봄에 아이를 대안학교에 입학시키고 지금까지 10년의 시간이 흘렀습니다. 큰아이는 그동안 졸업을 했고, 5학년에 입학했던 작은 아이가 2022년 현재 12학년 졸업반입니다. 시골에서 학교를 다니는 동안 잊지 못할 추억은 아이들에게 더 많겠지만, 대안학교에 아이를 보낸 엄마로서 몸소 경험한 조용하지만 놀라운 변화를 이 책에 담아보았습니다.

딸들이 대안학교를 다니며 성장해온 이야기를 하나씩 모으고 정리하다 보니 소중한 추억들이 하룻밤의 꿈처럼 빠르게 지나간 것만 같습니다. 바로 엊그제 있던 일인 듯 또렷하게 기억나는 장면도 있고, 지나간 학년의 밴드나 학교의 과월호 잡지를 들추며 기억을 되짚어야 하는 장면도 있었습니다. 아이들이 성장하는 매 순간의 감동을 글로 담아내는 것은 역부족이지만 조각조각의 기억이 이어지고 풍성해져서 앞으로 두 딸아이의 삶에 별처럼 빛나는 위로와 힘이 되었으면 하는 바람입니다. 그리고 저의 이야기가 대안교육에 관심이 있는 분들과 지금 대안교육의 길을 걷고 있는 분들에게 조금이라도 도움이 된다면 더 바랄 나위가 없을 것 같습니다.

아이들의 교육을 위해 대안학교를 선택하고 그 길에서 믿음을 지켜가는 일은 때로 고통을 감내하는 인내와 오랜 기다림이 필요한 일이었습니다. 교육의 비주류라고도 할 수 있는 대안교육의 길은 많은 것을 새롭게 만들어가야 했고 무엇보다 부모의 용기와 믿음이 필요한 길이었습니다. 모든 안정된 미래를 뒤로하고 공립학교 교사들이 세운 별무리학교가 다음 세대를 위한 올바른 교육이라는 확고한 철학이 없었다면 존재하지도 않았을 곳이었습니다.

많은 고민과 생각 끝에 시작하게 된 대안교육의 시간들이 어느새 10년을 지나 이제 곧 마무리되어 갑니다. 아이들은 많이 성장했고 저 역시도 공동체를 통해 배운 삶의 가치를 지켜나가기 위해 여전히 노력하고 있습니다. 대안학교 이후의 삶은 아이들에게 이제 시작에 불과하지만 제 안에는 믿음이 있습니다. 그동안 아이들이 배우고 꿈꾸었던 것들이 하나둘 눈앞에 펼쳐지는 것을 보았기 때문입니다. 지금은 고등학교도 생기고 전교생이 300명이 넘는 학교가 된 별무리학교의 졸업생들이 앞으로 더 넓은 세상에서 펼쳐갈 것을 기대하며, 학부모로서 제가 경험한 대안학교의 이야기를 시작하려고 합니다.

장유행

차례

프롤로그 • 004

1장 대안학교의 비전을 선택하다
"숲속 기숙학교에 다녀요"

대안학교를 알아볼 날이 올 줄이야 • 15
공립학교 교사들이 세웠다는 대안학교, 이름이 뭐였죠? • 21
어서 와, 대안학교는 처음이지? • 26
대안학교 아이들은 온실 속의 화초? • 33
호그와트 마법학교에 입학하는 기분으로 • 39
자연의 풍요로움 속에서 자라는 아이들 • 47
바라는 대로 삶을 그려나가는 숲속의 예술가들 • 53
맞춤형 교육과정과 고교학점제 그리고 대안학교 • 61

2장 배움의 즐거움을 안다는 것
"학교가 너무 재미있어요"

내일 빨리 학교 가고 싶어서 오늘 일찍 잠드는 아이 • 71

자유 속에서 배우는 책임감의 무게 • 80

또래 선생님을 만나다 • 86

함께 걷다 보면 깨닫게 되는 것, 국토순례 이야기 • 91

아이에게 주는 평생의 선물, 독서 습관 • 98

너만의 나침반을 보면서 그래, 그렇게 가는 거야 • 104

아이들이 손수 지은 나무 위의 집, 월든 트리하우스 • 112

열다섯 살 아이들은 왜 인도로 향했나? • 118

우리는 소논문을 씁니다 • 131

아이가 원하는 별을 찾을 때까지 • 138

3장 나만의 별을 스스로 찾다
"내가 하고 싶은 건…"

대안학교에서 대학을 가다 • 149

시골마을 별무리학교 학생, 미국 버클리 음대에 진학하다 • 154

인생의 멘토를 만나 꿈을 펼칠 길을 정하다 • 162

네팔의 아이들을 가슴에 품고 • 171

로고스호프에 승선하는 아이들 • 177

산골 마을의 프랑스 빵집, 이든 베이커리 • 183

선생님, 별무리 대학교도 만들어주세요 • 189

4장 아이의 배움에 참여하는 부모
엄마 아빠랑 함께하니 좋아요

대안학교 학부모로 10년을 살아보니 • 197
대학은 천천히 가도 돼, 하고 싶은 것 다 하면서 살렴 • 203
아이를 기숙학교에 보내면 부모와의 관계는 괜찮을까? • 210
아이들의 마음 돌보기, 집밥의 위력 • 216
방학에 더욱 빛을 발하는 품앗이 교육 • 223
다른 부모들은 왜 대안학교에 아이를 보냈을까? • 229

부록

대안학교 맞춤형 대학 입시 정보 • 241
대안학교 학부모 추천 도서 • 248

1장

대안학교의
비전을
선택하다

"숲속 기숙학교에 다녀요"

대안학교를
알아볼 날이
올 줄이야

공교육은 무너지지 않았다

　큰아이가 6학년 때 우리 가족이 새로 이사 온 동네는 학교 교실이 부족했다. 신도시를 급하게 조성하다 보니 학교 수용 인원을 미처 생각하지 못했던 탓인지 수천 세대가 넘는 아파트 단지에 중학교가 겨우 하나뿐이었다. 결국 한 중학교에 수용 인원의 두 배 가까이 되는 학생들이 한꺼번에 몰리는 사태가 벌어졌다. 학교에서는 신학기 입학식을 앞두고 골머리를 앓고 있었다. 교실 부족 문제를 두고 학부모 공청회가 자주 열렸고 많은 사람이 모였다. 학교장, 교육감, 장학사 등이 참석한 공청회에서 학부모들의 질의응답이 계속되었지만 당장 해결책은 없어 보였다.

학교 교실이 부족한 상황은 부모들에게는 있을 수도 없는 일이고 있어서도 안 되는 일이었다. 게다가 다양한 혜택을 보장해준다는 조건으로 수도권의 인프라를 뒤로하고 이주해온 공무원 중에는 열악한 학교 환경 때문에 분을 이기지 못하는 부모들도 있었다. 공청회 자리에서 질문 도중에 마이크를 잡고 패널들에게 소리를 지르는 일도 빈번했다.

공청회에 참석해서 상황을 듣고 보니 실제로 문제가 심각했다. 중학교 교실 한 반에 50명 이상의 아이들이 앉아 있게 될 콩나물시루가 연상되었다. 과연 제대로 학습이 이루어지기나 할까 의심스러웠다. 신도시에 공립학교가 부족할 거라고는 상상도 하지 못했다. 당장 첫째아이를 중학교에 입학시켜야 하는 입장에서 정말 난감하기가 이를 데가 없었다.

초등학교의 상황도 별반 다르지 않았다. 초등학교 2학년과 3학년 두 개 학년의 아이들이 초등학교가 아닌 인근의 고등학교로 등교를 하고 있는 상황이었다. 초중등 학생에 비해 신도시로의 전학이 상대적으로 적은 고등학교에 그나마 교실 여유가 있었기 때문이었다.

신학기가 시작되기 전 몇 개월 동안은 일주일이 멀다 하고 학교 부족 문제해결을 위한 학부모 공청회가 열렸다. 성난 학부모들이 마이크에 대고 소리를 질러댄들 뾰족한 대책이 없다는 것을 모두가 알고 있었지만 궁여지책이라도 마련해주길 바라는 심정 같았다. 사실 당장 학교를 짓는 방법밖에는 없었지만, 문제는 학교부지가 없는 상태였고 토지 용도 변경을 하려면 시간이 필요했다. 그리고 용도 변경이 된다 해도 학교가 지어지기까지 적어도 2~3년은 기다려야 했다.

부모들은 신도시의 도시 행정과 교육정책에 분노했고 많은 사람 앞에서도 아랑곳없이 화를 쏟아내었다. 교육공화국 대한민국에서 자녀들의 안정적인 공교육환경을 보장받지 못한다는 것은 우리나라의 부모들에게 있을 수도 없는 일이었다. 다른 문제들은 모두 뒤로하고라도 교육의 문제만큼은 우선으로 해결되어야 하는 것이 마땅한 일이었다. 병원과 마트가 없는 것은 참을 수 있는 일이었고 학원도 인근 대도시로 아이들을 실어 나르면 되는 문제였다. 그러나 학교가 없다는 것은 부모들 입장에서 용납이 안 되는 문제였다. 공청회 때마다 교장, 교육감, 장학사, 국회의원들이 참석했고 부모들의 목소리는 날마다 더 거세어졌다.

공교육만이 정답일까?

문득 부모들의 분노가 무엇 때문이고 궁극적으로는 누구를 향한 것인지를 생각해보았다. 그동안의 공교육에 대해 부모들은 과연 얼마만큼의 신뢰를 품고 있는지도 생각해보았다. 공교육이 무너지고 있다는 말은 사실상 거짓이었다. 부모들은 자신의 아이들을 어떻게 해서든 공립학교에 보내기 위해 안간힘을 쓰고 있었다. 학교보다 학원을 더 우선시한다는 말도 헛소문 같았다. 신도시 학부모들에게 입시학원이 없는 것은 큰 문제가 안 되었지만 학교가 없는 것은 분노할 만큼 큰 문제가 된다는 것도 알았다.

답답한 상황이었지만 나로서는 공교육의 필요성에 대해 처음으로 깊이 고민해보는 시간이었다. '정말 대안은 없는 걸까?', '왜 이런 상황에서조차 부모들은 목소리를 높여가면서 굳이 콩나물시루 같은 교실 속으로 아이들을 집어넣지 못해 안달인 걸까?' 전에는 생각하지도 않던 질문들이 내 안에 생겨나기 시작했다. 공립학교가 아니더라도 분명 아이들에게 더 좋은 교육의 길이 있을 것 같았다. 홈스쿨링을 할까도 잠시 고민했지만 아이들에게 좋은 교육공동체가 더 필요할 것 같았고 무엇보다 나는 일하는 엄마로서 오로지 아이들의 교육에만 집중할 자신이 없었다.

공청회가 열리고 나면 어디에 쓰이게 되는 건지 불분명한 다양한 설문지와 가정통신문이 아이의 가방 속에 하루에도 몇 장씩 들어 있었다. 가족 구성원이 몇 명이고 어떤 사람인지 기록하는 호구조사부터 시작해서 학교 교실 문제와는 전혀 무관해 보이는 설문지들도 종종 있었다. 마치 신도시의 교육 기현상에 대해 주민들을 대상으로 누군가 연구를 하고 있는 듯한 느낌을 받을 정도였다.

이따금 교실 마련을 위한 대책을 다수결로 결정하겠다는 가정통신문도 날아왔다. 통신문에는 세 가지의 선택지가 있었고 그중 하나를 선택해서 학교로 다시 보내야 했다. 학교 측도 당장 신학기를 앞두고 임시방편의 대책이라도 마련해야 했기에 교사들과 학교교육 관계자들 또한 고민의 흔적이 역력했다. 첫 번째 선택지는 운동장에 컨테이너 박스를 놓고 교실로 사용하자는 것이었고, 두 번째는 오전 오후반으로 나누어 운영을 하자는 것이었으며, 세 번째는 인근의 조치원이나 공주에 교실이 남는 학교로 아이들을 보내자는 대안이었다. 세 가지 중에 어느것 하나 마음에 드는 선택지가 없었다. 말 그대로 임시방편 대책이었고 그중 한 가지를 고르면 상황이 언제까지 계속될지는 아무도 모르는 일이었다.

아이 학교에 대한 고민이 끊이질 않았다. 괜히 이사를 왔나 싶은 생각이 들었고 예전 살던 곳으로 다시 이사를 갈 생각도 했다. 간혹 학교 때문에 대전으로 다시 이사를 나갔다는 사람들의 소식도 간간히 들렸다. 고민에 고민을 거듭하다가 대안학교를 찾아보기로 했다. 공립학교의 교육환경이 이렇게 보장받기 힘들고 어려운 상황이라면 적어도 이보다는 좋은 대안이 있을 것 같았다. 그리고 어쩌면 대안학교가 우리 아이들을 교육시키기에 더 나은 환경이 될 수도 있겠다는 생각이 들었다.

생각지도 못했던 공립학교의 교실 부족 문제가 내 아이의 문제가 되기 전까지는 대안학교를 고려해본 적이 없었다. 당연히 상급학교로의 진학은 집 가까운 공립학교를 가는 것이었고 남들처럼 학원 다니며 입시 준비하고 대학 가는 전형적인 대한민국의 교육 루트에 대해 단 한 번도 의심을 품어본 적도 없었다. 주변에 대안학교를 보냈다는 사람도 만나보지 못했을 뿐더러 막연하게나마 대안학교는 일반학교에 적응하지 못하는 아이들이 가는 곳이라는 선입견을 가지고 있었기 때문이다. 그랬던 내가 아이의 중학교 입학이 가까워지자 마음이 급해지기 시작했다.

인터넷에서 대안학교를 검색하는 날이 많아졌다. 몇몇 학교를 찾아봤는데 마음이 가는 곳이 한 군데도 없었다. 고민이 깊어질 때마다 인터넷 검색을 했고 이렇다 할 정보를 찾을 수 없게 되면 거의 자포자기한 마음으로 한숨을 쉬며 넋두리를 했다.

'에휴, 대안학교는 무슨 대안학교야.'

공립학교 교사들이 세웠다는 대안학교, 이름이 뭐였죠?

별무리를 만나다

하루는 문득 예전에 다니던 교회 목사님이 어떤 대안학교에 대해 말씀하셨던 것이 떠올랐다. 그 즉시 목사님에게 전화를 했다.

"목사님, 저기 지난번 설교시간에 말씀하셨던 대안학교 기억나시죠? 목사님이 기사로 읽었다는 학교 말이에요. 그 학교 이름이 혹시 뭔지 알려주실 수 있나요?"

목사님은 설교했던 것까지는 기억이 나는데 기사를 어디서 발췌한 것인지 잘 기억이 안 난다고 하셨다. 대신 '하나님이 세우신 학교'라는 기사의 문구가 기억난다고 하셨다. 혹시나 하는 심정으로 전화를 끊자마자 검색창에 '하나님이 세우신 학교'라는 키워드를 넣어보았다. 놀랍게도 한 개의 기사가 있었다. 기사를 클릭하고 내용을 꼼꼼히 읽었다. 학교 이름이 별무리학교였다. 왠지 마음이 끌렸다. 당장 그 주 주말에 학교에 찾아가보기로 마음먹었다.

학교는 금산에 있었다. 세종에서 한 시간 남짓이면 도착하는 거리였기 때문에 그다지 멀게 느껴지지가 않았다. 주말이면 자주 차를 타고 가족여행을 했던 터라 아이들은 그날도 역시 주말여행을 떠나는 줄 알고 가벼운 마음으로 집을 나섰다. 아이들은 당연히 공립학교에 입학해야 한다는 생각을 비우자 그 자리에 낯선 대안학교에 대한 막연한 기대감이 생겼다. 대안학교에 대해 이런저런 상상을 하는 동안 어느새 차는 금산 톨게이트를 지나고 있었다. 거리를 보니 금산 톨게이트에서 학교까지는 아직도 30분이나 더 들어가야 했다.

금산 시내를 지나 인적이 드문 시골길로 접어들고 학교가 가까워질수록 어떤 학교인지도 모르면서 이상하게 마음이 두근거리고 설레었다. 대안학교를 찾아 금산까지 오게 되리라고는 꿈에도 생각지 못했는데 학교가 가까울수록 신기할 정도로 편안한 마음이 들었다. 대안학교가 우리 아이들에게 보다 좋은 교육환경이 될 것 같다는 희망이 마음속에 부풀어 오르는 것 같았다.

내비게이션에서 알려주는 대로 길을 따라가다 보니 어느덧 산 아래까지 와 있었다. 그런데 아무리 둘러봐도 학교가 있을 만한 곳은 보이지 않았다.

'내가 잘 찾아온 게 맞나?'

미리 교장선생님과 전화 통화를 하지 않았더라면 아마도 길을 잘 못들었다고 생각했을지도 모른다. 어리둥절한 채로 산 아래에서 주변을 살피고 있는데 길모퉁이에 나무도 만든 작은 표지판이 보였다. '별무리학교'라고 쓰인 나무 표지판에는 좁은 산길 쪽을 가리키는 작은 화살표가 그려져 있었다.

산으로 올라가는 길은 차 한 대가 겨우 지나갈 만한 좁고 구불구불한 비포장도로였다. 자연 그대로의 좁은 길에는 여기저기 돌멩이가 솟아 있었고 한쪽으로는 산 절벽이 고스란히 드러나 있었다. 반대쪽은 말 그대로 낭떠러지였다. 이렇게 위험한 길을 끝까지 올라갈 수 있을까 싶을 만큼 아슬아슬한 길을 따라 한참을 올라가는데 갑자기 눈앞에 진풍경이 펼쳐졌다. 산꼭대기에 예쁜 마을이 있었다. 올라오던 길의 비포장도로와는 달리 마을길은 아스팔트로 말끔하게 포장되어 있었고 길목마다 예쁜 집들이 옹기종기 자리 잡고 있었다. 동화 속 그림 같은 전원주택 마을 한가운데에 학교가 있었다.

'이런 곳에 학교가 있다니.'

우리 아이를 보내도 되겠다는 확신

　생각지도 못한 풍경에 잠시 넋을 잃고 있다가 적당한 자리에 차를 세웠다. 아이들은 여행지에 도착했구나 싶었는지 차에서 내려 놀기 시작했다. 웃으며 마을길을 달리는 아이들은 여느 여행지에서처럼 행복해 보였다. 자연과 어우러진 마을과 그 한가운데 있는 학교를 보니 마음이 평온해졌다. 크게 숨을 들이쉬자 신선한 공기와 풀내음이 폐부 깊숙이 들어왔다. 대안학교를 알아보기 위해 이곳에 왔다는 생각을 잠시 잊고 자연이 주는 평화롭고 특별한 기분을 음미했다.

　한참 마을 구경을 하다가 학교 건물 쪽으로 발길을 돌렸다. 선생님 한분이 교문 앞에 나와 계셨다. 미리 전화로 상담을 예약하고 방문했기 때문에 우리를 기다리고 있었던 것 같았다. 선생님을 따라 학교 안으로 들어갔다.

　학교의 설립배경과 20년이라는 교사선교회의 준비기간 그리고 무엇보다 교육에 대한 교사들의 철학이 마음에 와닿았다. 학교를 설립한 분들이 공립학교 교사들이라는 점이 특별했고 젊은 공립학교의 교사들이 보장된 미래를 뒤로하고 가족들과 함께 시골에 내려와 학교를 세웠다는 이야기가 특히 인상적이었다. 실제로 마을에 있는 주택들은 모두 학교 교사들의 집이었다.

　상담을 마치고 집에 와서 교장선생님으로부터 받은 소책자를 꼼꼼히 읽어보았다. 소책자에는 학교를 설립하기 위해 금산에 내려온 교사들의 교육에 대한 비전과 신념이 담겨 있었다. 처음부터 끝까지 한 페이지도 빠짐없이 읽고 나자 내 안에 확신은 더욱 굳어졌다. 우리 아이를 콩나물시루 같은 교실에 넣는 대신 자연 속에 있는 학교에 보내야겠다고 말이다.

학교를 방문한 날부터 우리 가족의 주말 여행지는 금산의 별무리학교가 있는 마을이었다. 주말마다 다른 여행지를 찾을 필요가 없었다. 두 아이들도 별무리마을에 가는 것을 너무 좋아했다. 아이가 이왕에 학교를 다닐 거라면 한 번이라도 마을에 더 자주 가서 익숙해지도록 하는 게 좋을 것 같았다.

별무리학교를 세운 공립학교 교사들의 교육에 대한 비전과 꿈은 그때까지 가지고 있던 나의 가치관을 뒤흔들었다. 우리 아이들의 교육을 기존 제도의 틀 안에만 끼워 넣으려고 했던 내 생각에 적지 않은 파장이 일었다. 부모로서 나는 아이들 교육에 대한 특별한 가치관이나 철학이 있었는지를 생각해보았다. 학교는 당연히 가야 하는 곳이라고 한 치의 의심도 품지 않았던 내가 별무리학교를 방문한 그날부터 생각이 바뀌기 시작했다.

딸아이들의 교육환경과 더 나은 교육의 길을 내가 주체적으로 찾아 나서기로 결심했다. 참교육의 회복이 학교를 통해 이루어져야 한다는 교사들의 비전은 놀라웠다. 나는 더 고민할 필요도 없이 큰아이를 7학년에 입학시킬 준비를 시작했다.

어서 와, 대안학교는 처음이지?

고유의 교육 철학으로 운영하는 학교

 종래의 입시교육을 상징하는 표현들 중에 '주입식 교육'이라는 말이 있다. 말 그대로 많은 지식을 단기간 내에 학생들의 머릿속에 주입하는 것을 목적으로 하는 교육이다. 이 주입식 교육의 뿌리는 독일의 프로이센 교육 철학에 있다. '국가에 충성하는 국민을 만드는 것'을 교육의 최대 목표로 삼는 프로이센 교육은 종종 물건을 연속적으로 이동하면서 규격화된 생산품을 생산하는 장치인 컨베이어 벨트에 비유되어 오기도 했다.

인격적인 개체로서의 학생들의 창의성이나 사고력을 키우는 것이 아닌 오직 국가를 위해 목숨을 바치는 움직이는 기계를 만들겠다는 독일 교육의 취지가 섬뜩할 정도다. 그러나 놀랍게도 워털루 전쟁에서 프로이센 군대가 결정적 역할을 하게 되자 미국에서도 이 프로이센 교육제도를 공립학교 시스템에 도입하기 시작했다. 일본에서는 프로이센 교육 제도를 식민국가 지배의 도구로 삼기도 했다.

교육에서 좋은 교육과 나쁜 교육이 있다면 프로이센 교육제도는 분명 후자에 속할 것이다. 주입된 지식으로 우수한 시험 성적을 내고 고분고분하게 말 잘 듣는 학생들을 대량 생산하는 것을 우선시하는 교육을 요즘 좋은 교육이라고 말하는 사람은 별로 없을 것이다. 많은 부모가 알고 있듯이 우리나라의 공교육 역시 프로이센 교육제도에 뿌리를 두고 있다. 이 교육의 구체적인 교수법은 교사가 칠판 앞에서 수업 시간 내내 '강의'를 하는 것이다. 이러한 교육제도의 문제점을 인식하고 있는데도 지금도 여전히 교육의 현장 곳곳에서 이루어지고 있는 강의식 수업은 입시 성공을 위한 지식 전달의 가장 효율적인 방법으로 받아들여지고 있다. 반면 토론식 수업으로도 알려져 있는 양방향 교수법은 교사들의 역할이 제한적인 대신 교사의 역량이 매우 중요하게 여겨지는 교수법이다.

세상은 현기증이 날 정도의 속도로 빠르게 변화하고 있는데 유독 아이들의 교실 속 풍경만큼은 예나 지금이나 별반 차이가 없는 것 같다. 백년 가까이 고수해온 우리나라의 공교육 제도는 입시 교육과 주입식 교육이라는 두 가지로 함축될 수 있다. 이렇게 정체된 교육제도에 부모들과 교사들이 회의를 느끼기 시작하게 되었고 그로 인해 대두된 개념 중에 하나가 바로 대안교육이다. 그러나 대안교육이라는 말처럼 정확하게 한마디로 정의하기 어려운 말도 없다. 교육의 '대안'이라는 것이 구체적으로 무엇인지 불분명할 뿐만 아니라 누군가에게는 대안이 될 수 있는 것이 또 다른 누군가에게는 전혀 그렇지 않기 때문이다.

런던 대학교에서 대안교육을 전공하고 건신대 대안교육학과 주임교수로 재직 중인 하태욱 교수는 대안교육을 '전통적인 교육과 그 교육 방법을 따르지 않는 것'으로 정의했다. 여기에서 전통적인 교육이라는 것은 산업사회의 역군이라는 완제품을 대량생산하기 위해 지난 백년 가까이 학교 체제 속에서 정형화시켜온 교육의 시스템을 의미하는 것이다. 다시 말해 인적자원의 효율성을 최대한 늘리는 교육시스템이다. 이러한 공교육 체제의 제도를 벗어나 대안적인 교육의 철학을 담고 운영하는 학교가 이른바 미인가 대안학교이다.

미인가 대안학교는 교육부에서 학교로 인정해주지 않기 때문에 학력 인증을 받을 수 없는 교육기관이다. 따라서 대안학교의 아이들은 해마다 두 차례 있는 검정고시를 통해 초졸, 중졸, 고졸과 같은 학력인증을 받는다. 모든 대안학교가 미인가 학교인 것은 아니고 교육부의 인가를 받은 대안학교들도 있다. 2021년 기준 전국의 인가 대안학교의 숫자는 90여 곳이라는 통계자료를 보면 미인가 학교의 수는 그보다 훨씬 많을 것이다. 2022년부터는 대안교육법이 통과된 이후로 미인가 대안학교들도 등록제를 통해 학교등록을 할 수 있게 되었다. 전국의 대안학교들이 등록을 마치고 나면 통계상으로 적어도 수백 곳의 대안학교가 확인될 것이다.

대안학교들 중에는 특성화 학교처럼 음악, 건축, 디자인, 농업, 요리 등을 전문적으로 가르치는 기관도 있고 외국 대학의 진학을 목표로 하는 국제학교 시스템으로 운영되는 학교도 있다. 주로 교회나 선교단체에서 설립한 학교들이 많고 어떤 학교는 대입 준비에만 집중하는 기숙형 학원 같은 대안학교도 있다. 그중에서 별무리학교는 공립학교 교사들이 소속된 교사선교회가 설립한 대안학교이다.

대안학교를 고려중이라면

여러 특색 있는 대안학교들 중에서도 자녀와 가정의 상황에 가장 잘 맞는 대안학교를 찾는 것은 중요하다. 요즘에는 대안학교에 대한 관심도가 높아지면서 정보를 수집하고 발품을 파는 부모도 많아지고 있다. 좋은 대안학교일수록 입학 경쟁률이 있는 곳도 있기 때문에 지원신청을 하고 체험캠프 등을 통해 미리 입학을 준비하는 것이 좋다.

대안학교에 관심을 갖고 있는 부모들이 우선적으로 궁금해하는 것은 매월 지출되는 학비이다. 무상교육인 공립학교에는 별도의 수업료가 없지만 대안학교는 수업료를 지불해야 한다. 아이들에게 평균적으로 들어가는 사교육비를 생각하면 대안학교의 교육비가 엄청난 수준은 아니지만 그래도 매월 지출되는 교육비는 가정경제에 부담이 될 수 있다.

교육비 이외에도 부모들이 고려해야 할 부분은 부모의 교육 참여이다. 공립학교에서는 부모들의 교육 참여율이 상대적으로 낮은 반면 대안학교는 시간과 자원을 들여 아이들의 교육에 함께 참여해야 하는 경우가 많다. 따라서 교육 현장에 부모의 참여와 역할을 어느 정도까지 할 수 있는지 미리 생각해보는 것이 좋다. 구체적으로는 학부모 운영위원회가 존재하고 총회나 컨퍼런스와 같은 전체 회의가 개최된다. 보통은 전국구의 학생들의 모이는 학교들이 대부분이기 때문에 지역별 부모 모임이 별도로 존재하고 학교의 크고 작은 행사에 함께 참여해서 아이들과 교사들을 격려하는 일들도 필요하다.

대안학교가 기숙학교인 경우에는 주중에 아이들과 떨어져 지내야 해서 청소년기 자녀들의 정서와 심리에 대해서도 각별히 관심을 기울여야 한다. 부모와 적당한 거리를 두는 것도 청소년기에는 장점이 많지만 그럼에도 부모는 항상 아이들의 세밀한 심리 변화를 읽을 줄 알아야 한다. 아이들의 학교생활 면면에 관심을 갖고 대화의 끈을 이어가는 노력을 한다면 자녀들이 기숙학교에 있더라도 어렵지 않게 소통이 가능하다. 또 언제라도 필요한 경우라면 담임선생님과 지속적인 상담을 통해 아이의 학교생활에 대한 정보를 공유하는 것이 중요하다. 십대 아이들의 기질과 양상은 참으로 다양해서 부모와 늘 함께 있다고 소통이 더 잘되는 것도 아니고 또 주중에 떨어져서 지낸다고 해서 대화가 안 되는 것도 아닌 것 같다. 때에 맞는 적절한 관심과 필요를 채워주는 부모의 지혜가 필요하다.

십년 전과 비교한다면 지금은 대안학교에 대한 인식이 많이 변화하고 있고 아이들 쪽에서 먼저 대안학교로 전학을 원하는 경우도 쉽게 볼 수 있다. 대안학교의 특성에 따라 자녀에게 맞는 대안학교나 교육기관이 있다면 문을 두드려보는 것도 좋을 것이다. 우리나라에 대안교육기관이 생겨나기 시작된 역사를 20년 정도로 본다면 최근 10년 동안이 규모나 인식 면에서 가장 큰 성장을 이루어온 시기이다.

좋은 교육환경을 찾아 아이를 교육하는 것은 정말 중요한 일이다. 그런데 동시에 깊이 생각해야 할 부분은 대안학교가 아이들의 현실에 대한 도피처가 되서는 안 된다는 것이다. 간혹 아이가 공부를 싫어해서 대안학교를 알아보는 경우도 있는데 그런 경우라면 대안학교로의 진학의 목적을 다시 한번 잘 고려해보는 것이 필요하다. 자녀에게 올바른 교육환경을 찾아주기 위해 대안학교를 찾는 부모라면 공립학교나 입시제도로부터의 도피처가 아닌 창의적이고 주도성 있는 아이로 성장시키는 배움터로서의 대안학교에 대해 깊이 고민하고 선택하는 것이 좋다.

　모든 일이 그렇듯 완벽한 학교란 존재하지 않는다. 어느 곳이든 아이들이 모이는 곳에는 문제 상황도 발생할 수 있고 아이의 성장 시기에 맞닥뜨리는 어려움을 겪게 될 수도 있다. 중요한 것은 부모 역시 아이와 함께 성장해간다는 생각을 가지고 자녀 교육에 대한 중심과 아이들에 대한 믿음을 키워가는 것이다. 오로지 대입을 위한 성적에만 관심을 두기보다는 아이들의 성장과정의 다양한 측면에 관심을 기울이기로 결단하고 노력해간다면 대안교육은 분명 아이들과 부모들에게 만족스러운 교육환경이 되어줄 것이다.

대안학교 아이들은 온실 속의 화초?

자연 속에만 있어서 험한 세상에 잘 적응할까?

블로그에 대안교육 이야기를 기록하기 시작하면서부터 많이 받았던 질문 중 하나가 '기숙형 대안학교에 다니면 아이가 온실 속 화초처럼 자라지 않을까요?'였다. 이는 사실 대안학교를 보내기 시작한 부모들 또한 궁금해하고 걱정하는 부분이다. 모든 대안학교가 시골이나 도시 외곽에 있는 것은 아니지만 주로 도시에서 멀리 떨어진 곳에 있어서 대안학교의 교육환경이라고 하면 막연히 온실이 떠오르는 건 사실이다.

딸아이들이 다닌 별무리학교 역시 산속 작은 마을에 있는 학교다. 주변에 유해시설이라고는 전혀 찾아볼 수 없는 자연 한가운데에 학교가 있다 보니 아이들은 쉬는 시간이면 친구들과 땅을 파고 놀거나 언덕배기를 오르며 산딸기와 보리수 열매를 간식으로 먹고 논다. 도시에서 나고 자란 아이들답지 않게 자연 속에서 생활하고 있는 순수한 모습들을 보다 보면 한두 번쯤 이런 생각이 든다.

'저렇게 순수하게만 자라면 나중에 사회에 나가서 적응을 잘할 수 있을까?'

해맑게 자라는 모습이 다행스럽다가도 과연 이런 환경 속에서 험한 세상을 살아갈 강인한 아이로 성장할 수 있을지 걱정이 되었다. 아이들을 행복한 교육환경에서 키우는 것이 '온실 속 화초'의 이미지와 연결되는 데에는 나름의 이유가 있다. 지금은 대안학교를 고려하는 부모와 학생이 늘고 있지만 10년 전만 해도 대안학교로 아이들을 보내는 일은 평범하지 않은 일이었다. 그래서 아이의 교육환경을 '온실'에 비유했을 때 긍정적인 이미지보다는 부정적인 이미지가 더 강했다. 마치 유약하고 보호받아야 하는 대상들이 모인 곳이라는 의미 같았기 때문이다.

그런데 시간이 흐르고 아이들이 대안학교에서 성장해가는 모습을 보면서 '온실'에 대한 이미지가 바뀌기 시작했다. 내가 지난 10년간 경험한 대안학교의 환경은 온실에 비유될 만큼 아무런 갈등이 없는 평화로운 환경은 아니었다. 더구나 공립학교에 적응하지 못하는 아이들이 모이는 곳도 아니었다. 오히려 전국의 도시에서 모인 아이들의 다양하고도 역동적인 상호 교류가 이루어지는 곳이었고 그 안에서 적극적인 자기 탐색이 이루어지는 장소였다.

초등학교 때 자유롭게 자연 속에서 놀며 생활하던 아이들이 중학생이 되고 고등학생이 되어감에 따라 자신의 진로와 꿈에 대한 뚜렷한 비전을 찾는 모습을 많이 보았다. 학창 시절에 명확한 꿈을 찾지 못한 아이들이라도 적어도 자신의 미래에 대해 깊이 고민하고 스스로 탐색하는 일을 계속해나갔다. 내가 지금껏 보아온 대안학교의 아이들은 연약한 화초라기보다는 오히려 역동적인 환경 속에서 창의적이고 주도적인 리더로 성장하는 모습이었다.

온실이 아닌 방파제

우치다 다쓰루는 자신의 저서 《교사를 춤추게 하라》에서 학교가 '역동적 온실'이 되어야 한다고 말했다. 아이들을 외부 환경으로부터 보호하는 역할은 있지만 아무런 갈등이 없는 평화로운 환경에 그쳐서는 안 된다는 의미이다. 우치다 다쓰루가 말하는 이상적인 학교는 다른 세계와의 소통 회로가 열려 있는 안전한 공간이다. 그 안에서 아이들이 점차 외부 세계와 소통을 이어가도록 해주는 게 '역동적 온실'로서의 학교다. 다시 말해 이상적인 학교 환경이란 아이들이 배우고 성장하는 동안 외부의 파도로부터 아이들을 지키는 방파제 역할을 하는 곳이다.

"학교가 해야 할 가장 중요한 역할은 아이들이 더불어 사는 기술을 익히기도 전에 어서 빨리 원자화, 모래화, 개별화하라는 압력을 행사하는 글로벌 자본주의의 파도를 막는 방파제가 되는 것입니다"

결국 자신을 넘어서는 배움이 이루어져야 하는 곳이 학교이다. 아이들마다 성향과 기질이 다르고 성장의 시기가 다른데 동일한 교육과정과 학습 목표로 이끈다면 그것이야말로 자율성과 주도성을 빼앗아 연약한 아이들을 길러내는 행위일 것이다. 사회 시스템이 바라는 가장 이상적인 교육환경이란 부모와 교사들이 한결같은 목소리를 내는 환경일지도 모른다. 하지만 서로 다른 생각이 공존하는 다양함 속에서 아이들 스스로 방향을 찾아가도록 하는 것이 더 중요하다고 생각한다.

아이들이 대안학교를 다니는 동안 공동체 안에서 나와 비슷한 교육 철학을 가진 부모를 많이 만났다. 물론 그 안에서도 각 가정의 분위기와 교육관이 다르고 대안교육의 길을 선택하게 된 이유도 다양했다. 그런 다양함 속에서도 한 가지 공통적인 교육 철학이 있었다. 직업을 찾기 위한 수단으로서의 교육이 아닌 아이들 스스로가 주도적으로 의미 있는 삶을 살아가는 법을 터득하게 하는 배움터로서의 학교의 모습을 기대한다는 점이었다. 그런 면에서 대안학교의 역동적 교육환경은 졸업 이후에 아이들이 주도적인 삶을 살아갈 수 있게 교육하는 데 더없이 훌륭했다.

어떤 부모들은 대안학교의 아이들은 공립학교에서 흔히 있는 문제들을 일으키지 않을 것이라는 순수한 기대감을 품기도 하는데, 대안학교에서도 문제와 갈등의 상황은 어느 때고 발생한다. 다양한 아이들이 모이는 곳에서는 어쩌면 당연한 일이다. 다시 말하지만 대안학교는 다양성을 거세한 외부의 어떤 풍파도 막아주는 평온한 온실 환경이라기보다는 안전한 곳에서 크고 작은 갈등을 겪으면서 서로의 다름과 소통의 방법을 배워가는 역동적 온실 환경이다.

아이들에게 문제 상황이 발생했을 때도 부모와 교사가 문제를 해결해나가는 성숙한 방식이 매우 중요하다. 아이들 각자가 고민하는 문제들을 이해하고 돕기 위해서는 다방면의 진단과 접근이 필요하고 그만큼 시간도 소요된다. 이런 환경 속에서 아이들은 여러 문제 상황을 다루는 방법을 스스로 터득해가며 자생력과 주도성을 갖추어 사회에 나갈 수 있다.

아이들은 여전히 지금도 성장하고 있으며 넓은 대지로 나갈 준비를 하고 있다. 이에 따라 부모의 역할도 조금씩 달라져야 한다. 나에게 대안교육의 길은 치열하게 자녀 교육에 대해 고민하고 아이들을 이해하려고 노력하며 부모로서 배우고 성장해온 시기였다.

많은 부모가 자녀 교육 문제로 고민하고 있다. 무엇이 우리 아이에게 가장 좋은 길인지 알 수만 있다면 그 길을 찾아가면 될 텐데 안타깝게도 미리부터 정해져 있는 길은 부모가 자녀의 인생을 선택해주는 길일 확률이 높다. 스스로 길을 찾아가도록 아이들에게 자유로운 탐색을 허락해주는 용기와 결단이 있다면 자녀 교육의 절반 이상은 성공한 것이나 다름없을 것이다.

호그와트 마법학교에 입학하는 기분으로

기숙학교에 잘 적응할 수 있을까?

별무리학교에 아이를 보내고 나서 금요일 하교 시간에 맞춰 아이들을 데려오고 일요일 저녁에 다시 학교에 데려다주었다. 공사장 흙먼지가 종일 날아 들어오는 신도시의 삭막함을 벗어나 시골 학교로 향하는 길은 그 자체만으로도 평화롭고 힐링이 되었다. 군데군데 펼쳐진 작은 논밭과 개울가에 아무렇게나 자라고 있는 들풀들은 등하교 시간의 기분을 한층 북돋아주었다. 지금은 산 아래부터 마을 입구까지 2차선 도로가 뻥 뚫려 있지만 그 당시만 해도 구불구불한 산

등성이 길은 자연 그대로의 모습이었다. 금산 톨게이트를 지나면 호떡집이 있었는데, 추운 겨울에도 사람들이 밖에서 줄을 서는 유명한 맛집이었다. 주말마다 아이들을 데려다주러 학교에 오가는 길에 꿀이 뚝뚝 떨어지는 뜨거운 호떡을 먹는 것도 즐거움 중 하나였다.

공교육을 굳이 고집할 필요가 없다고 생각을 바꾸고 나서는 앞으로 아이들이 배우며 생활하게 될 학교에 대한 기대감이 생겼다. 무엇보다 아이들이 마을과 학교를 정말 좋아했다. 새로운 한 주가 5박 6일의 여행인 것처럼 설레는 마음으로 학교로 향했다. 학창 시절이 아이들에게 행복한 추억으로 기억될 것은 확실했다. 마을로 이어지는 산길을 오를 때면 기대했던 것보다 훨씬 더 좋은 학교를 만났다는 생각에 늘 감사했다.

입학을 준비하면서 가장 먼저 해야 했던 일은 7학년으로 들어갈 큰아이의 체험캠프를 신청하는 일이었다. 3박 4일의 체험캠프 기간은 앞으로 기숙사에서 지내며 학교생활에 잘 적응할 수 있을지를 아이가 스스로 생각해보는 시간이었다. 아무리 학교가 좋다고 하더라도 직접 생활하게 될 아이가 적응을 해야 하기 때문에 체험캠프는 필요한 과정이었다.

체험캠프에서 돌아온 아이는 연신 얼굴에 웃음꽃이 만발했다. 게다가 초등학교 때부터 친했던 친구와 함께 캠프에 참여했기 때문에 즐거움은 두 배였다. 그 친구 역시 학교를 정말 좋아했고 두 아이는 학교에 입학할 날짜만 손꼽아 기다렸다.

체험캠프를 다녀온 후에도 입학 관문이 한 가지 더 남아 있었다. 바로 선발캠프이다. 체험캠프가 아이들이 학교생활을 경험해보는 것이었다면 선발캠프는 교사들이 아이들의 생활 면면을 평가하는 일종의 입학 테스트였다. 간혹 단체생활이나 기숙사 생활에 적합하지 않다는 판단이 내려져 종종 탈락되는 경우도 있었다. 큰아이와 친구는 선발캠프의 의미를 잘 알고 있었고 학교에 꼭 가고 싶어 했기 때문에 누구보다 열심히 캠프에 참여했다. 결과는 두 아이 모두 합격이었다.

어린 딸아이를 처음으로 기숙학교에 보내는 일이 한편으로 걱정도 되었지만 기대감에 부풀어 입학할 날만을 손꼽아 기다리고 있는 아이를 보면 이내 걱정이 사라지곤 했다. 체험캠프를 다녀온 이후로 아이는 학교를 더 좋아하고 하루라도 빨리 학교에 가고 싶다는 말을 자주 했다. 학교 선생님들이 좋고 새로운 친구들을 만나는 기대감도 있었지만 더 큰 이유는 따로 있었다. 해리포터처럼 기숙학교에 다니는 것과 친한 친구와 매일 파자마 파티를 하는 것이 소원이었는데, 두 가지 소원을 동시에 이루었다며 기뻐했다. 초등학생다운 해맑은 이유라 할지라도 어쨌든 학교 가는 것이 즐겁고 행복한 일이라면 그것으로 충분하다는 생각을 했다.

"빨리 월요일이 돼서 학교에 가고 싶어"

기숙사에 입성하던 첫날 이불이며 베개며 기숙사에서 생활하는 데 필요한 갖가지 물건을 싣고 학교로 향했다. 기숙사 입구에 붙어 있는 아이의 이름을 찾고 배정된 방으로 갔다. 2층에 있는 기숙사 방은 아담한 4인실이었다. 새로운 학교와 친구들이 서먹했던지 아이들 대부분은 엄마, 아빠 옆에 붙어 있었다. 부모들은 기숙사 사물함과 옷장에 짐을 정리해 넣어주기도 하고 아이들에게 이런저런 당부를 하기도 했다. 잠자리가 좁지는 않은지 유리창은 잘 열고 닫히는지 살피는 모습은 자식을 처음으로 기숙학교에 보내는 내 마음과 다를 것이 하나도 없어 보였다.

어느 정도 짐이 정리되고 난 후에는 화장실과 샤워실을 둘러보았다. 옆방에 친구들은 누구인지 슬쩍 들여다보기도 했다. 그러다 부모들끼리 눈이 마주치면 가벼운 인사를 나누었다. 아이들만큼이나 부모들도 긴장한 모습이었다. 모두가 같은 이유는 아닐 테지만 저마다 대안학교를 찾아온 나름의 이유가 있을 것 같았다.

학교에서는 첫해 신입생으로 5, 6, 7학년 총70여 명을 선발했다. 초등학생인 5, 6학년은 마을의 교사들 집에서 홈스테이를 했고 7학년부터 기숙사에 들어갔다. 기숙사 규율은 엄격했다. 사감 교사가 상주하고 있었고 교사들의 방도 있었다. 우선 아이들의 안전과 건강을 위해 지켜야 할 사항이 여러 가지 있었다. 기상 시간과 취침 시간은 정해져 있었고 아침저녁으로 비슷한 시간대에 아이들이 세면실과 화장실을 이용해야 했기 때문에 배려와 질서가 필요했다. 매일 저녁 점호 전에는 각 방의 위생 상태를 점검받아야 했는데 청소 점검은 보통 선배 임원단들이 했다. 점호가 끝난 후에는 친구들의 방으로 이동할 수 없었다.

그리고 기숙사에서 간식을 먹는 일, 화장, 휴대폰 등의 기기 사용이 금지되어 있었다. 매주 소지품 검사를 기본적으로 했는데, 그때 가방에서 간식이나 기기나 화장품이 나오면 사감 선생님이 보관하거나 압수했다. 또 기숙사에는 독서실이 있어서 야간에 공부나 독서를 하고 싶은 아이들이 사용할 수 있었는데 그 시간도 열두 시까지로만 한정이 되었다. 물론 이런 모든 규율은 입학 전에 학생과 부모의 동의를 받은 내용이었다.

집에서 자유롭게 생활하던 아이들이 엄격한 규칙을 지켜나가는 일이 쉬운 것은 아니었다. 아이들마다 달랐지만 규칙을 따르는 생활에 적응하기까지는 시간이 필요했다. 학교생활과 이어지는 기숙사에서의 생활은 아이들이 공동체 생활을 배우기에 적절한 훈련장이었다. 어느 것 하나 집처럼 자유롭고 편안한 것이 없는 곳에서 아이들은 배려심과 공동체 생활을 배워나갔다.

아이들이 모여서 생활하는 곳에서는 어디나 크고 작은 사고의 위험이 있다는 것을 부모와 교사는 알고 있다. 특히나 기숙학교에서는 만에 하나라도 일어날 수 있는 사고로부터 아이들을 보호하기 위해 규칙과 규율을 지키는 것을 중요한 가치로 여겼다. 학교에서 특별히 주의를 기울였던 것은 무단 이탈과 이성 교제 문제였다. 무단 이탈은 아이들이 주중에 독단적으로 학교와 마을을 벗어나 산 아래까지 내려가는 행동이다. 청소년기의 아이들에게 학교와 마을을 이따금 벗어나고 싶은 마음이 있을 수 있지만 그러한 행동을 특히 엄하게 제한했던 이유는 이탈로 인해 이어질 수 있는 더 큰 문제를 예방하기 위해서다. 같은 이유로 이성 교제 역시 철저하게 금지되었다. 만약 무단 이탈이나 이성 교제를 하는 경우는 퇴학에 준하는 처벌을 받는다.

입학식날 기숙사 생활에 관한 모든 자세한 설명을 들은 후에 부모들은 다시 강당으로 모여 학교생활에 대한 안내 사항을 들었다. 입학식의 모든 일정이 끝나고 부모들은 집으로 돌아갈 시간이 되었다. 잘 떨어지지 않는 발걸음을 돌려 산을 내려왔다. 학교에 남겨 두고 온 아이가 지금쯤 뭘 하고 있을까 벌써부터 궁금해지기 시작했다. 나의 인생에 가장 길었던 일주일을 꼽으라면 아마도 아이가 입학하고 기숙사에 들어가 생활하기 시작한 첫 주를 꼽을 것이다. 하루하루가 얼마나 느리게 가는지 아이가 집으로 돌아오는 주말까지 한 달은 족히 지난 것 같았다.

드디어 아이가 돌아오는 금요일, 아침부터 서둘러 스쿨버스가 정차하는 대전복합터미널로 갔다. 오후 한 시쯤 학교 버스가 도착하는데도 오전부터 근처에서 시간을 보내고 있었다. 스쿨버스가 도착했고 아이들이 버스에서 내리기 시작했다. 저마다 큼지막한 백팩을 하나씩 둘러메고 손에는 여행용 캐리어까지 끌고 있는 모습이 흡사 단체 여행객처럼 보였다. 일주일 동안 기숙사에서 생활하려니 짐이 많은 것도 당연했다.

곧 딸아이의 모습이 보였다. 일부러 멀찌감치서 아이의 표정을 살폈다. 버스 안이 더웠는지 땀으로 앞머리가 축축해졌지만 얼굴은 활짝 피어 있었다. 각자의 집으로 가는 친구들에게 인사하는 아이의 얼굴이 전에 없이 밝아 보였다. 첫 주를 어떻게 보냈을까 걱정하던 마음은 눈 녹듯 사라지고 안도감이 들었다. 처음으로 집을 떠나 기숙사에서 생활하느라 피곤했을 법도 한데 힘든 기색이 전혀 없었다.

"재미있었어?"

"응, 완전 재밌어. 아, 빨리 학교 가고 싶다"

방금 스쿨버스에서 내린 딸이 내 얼굴을 보자마자 처음으로 한 말은 빨리 학교 가고 싶다는 말이었다. 가족보다는 친구가 중요한 나이의 아이다운 말이었지만 순간 서운한 생각도 들었다. 친구들도 좋고 선생님도 좋고 학교가 너무 재밌고 좋다고 하는 아이를 보면서 정말 마법학교에라도 다녀온 것인가 하는 생각이 들었다. 주말 내내 아이의 얼굴은 활짝 피어난 꽃봉오리 같아 보였다.

그때부터 매주 금요일마다 아이를 데리러 대전복합터미널에 갔다. 대중교통을 이용해 집으로 오게 할 수도 있었지만 일주일에 한 번 만나는 아이와 차 안에서 대화하는 시간이 귀하게 느껴졌기 때문이다. 집으로 오는 차 안에서 한 주간의 학교생활 이야기를 듣다 보면 아이가 얼마나 학교를 좋아하는지 알 수 있었고 대안학교에 보내길 참 잘했다는 생각이 들었다. 매번 밝은 얼굴로 스쿨버스에서 내리는 아이를 보면서 기숙학교에 보내기 전에 가졌던 크고 작은 걱정은 온데간데없이 사라졌고, 대안학교에 대한 나의 고정관념도 하나둘씩 깨졌다.

자연의
풍요로움 속에
자라는 아이들

싱아꽃을 찾아보고 향기를 맡아보고

날씨가 맑은 날 밤이면 학교가 있는 산꼭대기 마을 어디에서는 별들이 무리 지어 빛나는 하늘을 볼 수 있었다. 진청색 밤하늘에 보석처럼 박혀 있는 별들 사이로 금방이라도 쏟아져 내려올 듯 흐르는 은하수와 어스름한 저녁 무렵 산등성이를 물들이며 시시각각 변하는 노을빛을 보고 있으면 마을 전체가 하나의 갤러리 같았다. 사시사철 계절의 변화를 먼저 알려주는 들꽃들과 바람의 향기 가득한 마을 풍경은 아이들 등하굣길에 감상하기 좋은 그림이 되어주었고,

낮은 언덕배기 초록빛 이파리 사이로 붉은 콩처럼 알알이 박힌 산딸기와 마당 넓은 집 울타리에 탐스러운 과실수들은 아이들의 간식거리가 되어주었다.

가끔 아이들을 학교에 데려다주기 위해 마을에 가는 날에 운이 좋으면 은하수 흐르는 밤하늘을 구경할 수 있었다. 아이들은 자주 보는 하늘이지만 그런 날이면 나는 특별한 선물이라도 받은 것처럼 한참 동안 흐르는 빛줄기를 지켜보다가 산을 내려오곤 했다.

둘째아이가 대안학교에 5학년으로 입학한 첫해의 국어 수업은 내게 특별한 기억으로 남아 있다. 선생님은 국어 교과서 대신 박완서 작가의 소설 『그 많던 싱아는 누가 다 먹었을까』로 한 학기 동안 수업을 했다. 국어 수업 준비물은 소설책, 우리말 국어사전, 노트가 전부였다. 아이들은 한 학기 동안 『그 많던 싱아는 누가 다 먹었을까』로 '천천히 읽기 학습(slow reading)'을 했다. 소설 속의 우리말 낱말 뜻을 찾아 노트에 기록하기도 하고 낭독하기도 하면서 책의 내용을 깊이 있게 읽고 발표도 했다.

날씨가 좋은 날에는 책을 손에 들고 마을 어귀를 돌아 자연으로 들어갔다. 그곳에서 각종 들풀과 나무뿌리를 구경했고 풀잎을 뜯어먹어보는 아이도 있었다. 땅에 떨어진 밤을 줍는 아이가 있는가 하면 돌멩이를 주워 괜히 자리를 옮겨 놓거나 여린 솔잎을 입에 넣고 오물거리는 아이도 있었다. 숲에서 마냥 노는 것처럼 보여도 아이들은 국어 수업 시간에 배운 싱아풀을 찾고 있었다. 노란색 꽃을 피워

낸 들풀을 보고 "선생님, 이게 싱아에요?"라고 천진하게 묻는 아이들의 마음속에는 이미 소설 속 풍경이 펼쳐져 있었다.

유독 풀피리를 잘 부는 한 아이에게 다른 아이들이 모여들었다. 풀피리 부는 방법을 배우려고 아이들은 저마다 아카시아 이파리를 뜯어 입에 물고 숨을 뿜어내지만 생각처럼 소리가 잘 나지는 않았다. 자연은 이렇게 호기심과 배움의 기쁨으로 들뜬 아이들에게 더없이 훌륭한 배움터가 되어주었다. 몇 차례 바람 새는 소리만 내던 아이들이 어느새 "삐~"하고 예쁜 풀피리 소리를 만들어내면 아카시아 향기가 아이들 입속에 가득 퍼졌고 아이들 얼굴에는 미소가 번졌다. 교실로 돌아오는 길에는 오디나 보리수 같은 나무 열매를 따 먹기도 했다.

아이가 한 학기 동안 꼼꼼히 읽은 『그 많던 싱아는 누가 다 먹었을까』를 집으로 가져왔기에 살펴보니 연필로 밑줄 그은 곳이 여러 군데 있었다. 사전으로 낱말을 찾아 책 귀퉁이에 적어놓은 글씨가 옹기종기 귀여웠다. 어느 구절에는 밑줄이 더 진하게 그어져 있고 책 모퉁이가 접힌 곳도 있었다. 아마도 특별히 인상 깊었거나 기억하고 싶었나 보다.

피자 대신 꽃지짐

둘째아이가 입학 첫해 여름방학을 맞아 집에 와 있을 때 친구들이 모이는 산골 마을의 학교를 내내 그리워했다. 방학이 끝나갈 무렵, 담임선생님이 밴드에 아이들이 기뻐할 소식을 알렸다. 담임선생님 집에서 아이들과 파자마 파티를 연다는 소식이었다. 멀리서도 아이들의 기뻐하는 소리가 들리는 것 같았다. 개학을 앞두고 일주일 전부터 짐을 싸는 아이의 표정이 행복해 보였다.

5학년 아이들은 기숙사에 들어가지 않고 선생님 댁에서 지냈다. 마을에는 30여 채의 교사들의 집이 있는데 집집마다 서너 명의 아이들이 홈스테이를 했다. 아이의 담임선생님 집은 마을 입구 쪽에 있었다. 마을의 길목마다 띄엄띄엄 자리 잡은 주택들은 모양도 다양했다. 언덕 위의 집, 마당이 넓은 집, 울타리에 장미꽃이 많은 집, 과실수가 탐스러운 집, 강아지가 지키고 있는 집, 창문이 유난히 넓은 집 등 모양은 제각각이어도 모두 자연과 어우러져 있었다.

이렇게 예쁜 마을이 산 아래에서는 보이지 않는다. 차로 산길을 올라가다 보면 어느 순간 눈앞에 마을 풍경이 펼쳐진다. 이 마을의 풍경과 자연이 너무 좋아서 아이를 학교에 보내기로 마음먹었다는 부모가 있을 정도로 마을의 풍경은 보는 사람에게 따뜻한 안정감을 주었다. 마을 중심에 있는 학교 앞에는 낮은 동산이 있었다. 봄이 되면 진달래와 개나리가 흐드러지게 피어났고 초여름에는 마을 전체에 아카시아 향기가 가득했다. 꽃향기가 바람을 타고 아이들의 교실까지 들어와 공기청정기나 디퓨저는 전혀 필요 없었다.

5학년 아이들은 낮에 잘 놀다가도 밤이 되면 엄마 생각이 나서 힘들어하기도 한다. 친구랑 속상한 일이 있는 날이면 집을 더욱 그리워한다. 둘째아이의 5학년 담임선생님은 가끔 아이들이 울면 엄마처럼 포근하게 달래주셨다. 그러면 아이들은 잠시 울다가도 언제 그랬냐는 듯이 다시 친구들에게로 달려갔다.

큰아이나 둘째아이나 주말에 집에 와 있을 때 빨리 학교 가고 싶다는 말을 입에 달고 있었다. 엄마들 얘기를 들어보면 다른 집 아이들도 마찬가지였다. 처음에는 학교에 빨리 가고 싶어 하는 아이들이 신기하기도 하고 도대체 뭘 하길래 저렇게 가고 싶어 하는지 궁금했다. 아이들의 학교생활 모습은 사진과 함께 밴드에 올라왔고 날이 갈수록 꽃처럼 피어나는 아이들의 표정을 보면서 학교와 교사들에 대한 신뢰도 더 탄탄해졌다.

둘째아이가 6학년이 되던 해의 국어 시간에는 교과서에 나온 꽃지짐(화전)을 선생님 집 마당에서 만들어 먹는 수업이 인상 깊었다. 명자꽃, 쑥잎, 진달래, 개나리를 바구니 가득 따온 아이들은 선생님이 빚어준 하얀색 화진 반죽 위에 꽃잎을 예쁘게 올렸다. 뽀얀 반죽에 소담히 내려앉은 진달래 꽃잎과 그 밑에 화려함을 한층 더해주는 초록색 쑥이파리가 화전의 빛깔을 곱게 물들였다. 자신이 직접 빚은 꽃지짐을 프라이팬 위에서 숟가락 두 개로 조심스럽게 뒤집는 아이들의 모습이 영상과 사진에 고스란히 담겼다. 꽃잎이 떨어질세라 숨죽인 아이들의 표정이 진지하고 귀여웠다. 노릇하게 구워진 화전을 큰 접시 가득 올려놓은 사진을 보니 교과서의 사진과는 비교도 안 되는 아이들의 예술작품이었다.

꽃처럼 예쁜 초등학생 아이들이 꽃지짐을 만들어 먹는 모습은 부모들에게도 그저 감동이었다. 진달래꽃 한 바구니 가득했던 그날의 기억, 싱아풀을 찾아 헤매던 추억은 어른이 되어서도 아이의 머릿속에 남아 있지 않을까. 아이들이 삶을 살아가는 동안 별무리학교에서 쌓은 풍요로운 감성과 배움의 기쁨이 원동력이었음을 깨달을 날이 분명히 있을 것이다.

바라는 대로
삶을 그려나가는
숲속의 예술가들

좋아하고 잘하는 것

사람들은 누구나 마음속에 예술가를 품고 있다는 말이 있다. 억압 속에서 피어나는 예술도 아름답지만 자유롭게 자신을 표현할 수 있는 환경 속에서 피어나는 내면의 예술가 또한 아름답다. 딸아이들만 봐도 그랬다. 대안학교에 입학하기 전까지는 드러나지 않았던 아이만의 재능이 행복하고 자유로운 학교 환경 속에서 싹을 틔우기 시작했다.

예술적 성향이 짙은 아이들이 대안학교에 적합하다고 말하는 사람들도 있었다. 하지만 내가 경험한 대안학교는 전혀 그렇지 않았다. 오히려 그 반대였다. 대안학교만의 특별한 교육환경이 아이들의 잠재된 예술성과 창의성을 발휘시킨다고 보는 것이 맞을 것이다. 그림을 잘 그리는 아이, 춤을 잘 추고 노래와 작곡에 재능이 있는 아이, 글쓰기를 잘하는 아이, 악기 연주에 탁월한 재능을 보이는 아이, 집을 짓고 건축하는 것에 관심을 보이는 아이 등등 그동안 내가 지켜봐온 아이들은 대개 대안학교에 입학하기 전까지는 자신들에게 그런 재능이 숨어 있는 줄도 몰랐었다.

대안학교에 다니며 아이들이 창의적이고 예술적인 감각들을 각 분야에서 드러내다 보니 '예술성이 다분한 아이들이 대안학교에 잘 맞는다'라고 생각할 수도 있을 것이다. 중요한 것은 특정 예술학교가 아닌 이상 대안학교에서 아이들에게 예술 중심의 교육을 하지 않는다는 사실이다. 오히려 일반 교과과정을 포함한 프로젝트와 동아리 활동, 체육활동, 진로 탐색 등으로 가득하다. 그런데도 별무리학교 아이들은 점점 자신만의 내면의 강점과 재능을 발견하게 되고 그만큼 주도적이고 창의적인 아이들로 바뀌어갔다.

별무리학교에서는 자유시간에 악기 연습을 하거나 그림을 그리거나 소설책에 몰두해 있거나 심지어 단순히 마을 길을 걷는 일에 많은 시간을 보내는 아이가 있다고 하더라도 누구도 그것을 시간 낭비라고 생각하지 않았다. 교과목 공부를 이유로 자유로운 활동을 막는 사람도 없었다. 대학생들이 자신의 선택과 결과에 책임을 져야 하는 것처럼 학교에서는 아이들이 정규 수업 외의 자유시간에 대해 스스로 책임을 지는 법을 가르쳤다. 학교 분위기가 그렇다 보니 누구든 그 과정에서 자신이 흥미로운 분야를 찾게 되면 마음껏 탐색하는 것이 자연스러운 일이 되었다. 또 그런 아이를 격려하고 응원하는 교사들과 친구들이 있는 교육환경은 아이가 학교를 더욱 좋아하게 만들고 배우고 싶은 것을 찾게 하는 선순환을 만든다.

그렇다고 모든 아이가 반드시 한 가지 분야에만 흥미를 품어야 한다는 말은 아니다. 아이들은 다양한 프로젝트나 동아리 활동을 통해 여러 분야를 경험해보고 시도해보는 과정에서 자신의 적성과 재능을 발견하는 경우가 많았다. 아이들은 그런 탐색의 과정을 통해 스스로 판단하고 생각하는 힘을 기르게 된다. 입시 스트레스로 온통 얼룩질 수 있는 학창 시절을 비교적 자유로운 분위기 속에서 보내며 진로와 관심사를 찾으려 노력하다 보니 결국은 더 많은 배움을 원하게 되었고 이 갈망은 큰아이가 대학 전공을 선택하는 데 결정적인 계기가 되었다.

내 아이의 성향

큰아이가 별무리학교 7학년에 입학하고 얼마 지나지 않아 반장 선거에 나가고 싶다고 말했다. 다른 부모들처럼 나 역시 그 말이 반가웠다. 아이에게 그런 용기가 있다는 사실이 우선 흐뭇했고 당선이 안 되더라도 좋은 경험이 될 것 같았다. 그런데 문제는 아이의 그다음 말이었다. 반장 선거에 나가고 싶은 마음은 있지만 나가봐야 자기는 떨어질 게 분명하다는 거였다. 아이에게 이유를 물었더니 같은 반에 인기도 많고 말도 잘하는 친구가 있는데 그 친구가 당선될 것 같다고 했다.

정말 반장이 되고 싶은데 다른 후보인 친구를 보면서 시도해보기도 전에 자신감을 잃어버린 아이의 모습이 안타까웠다. 그래도 도전해보라고 해야 할지, 반장 선거에 출마했다가 아이 스스로 가졌던 생각을 확고하게만 하는 결과를 보느니 말려야 할지 고민이 되었다. 아이가 나에게 솔직한 속마음을 표현해준 것은 좋은 일이었지만 혹시나 이 일로 인해 자존감을 잃지는 않을까 쓸데없는 걱정까지 생겨났다.

내 걱정이 기우였다는 것은 나중에 알게 되었다. 사실 아이는 반장이 되든 되지 않든 그 상황을 잘 받아들일 준비가 되어 있었다. 애초에 그 모든 상황이 아이에게는 배움과 성장의 기회였다. 문제는 엄마가 아이에게 좋은 상황을 미리 정해놓아야 한다는 내 착각이었다. 부모가 여유로운 생각 너비로 아이의 상황을 바라보는 것은 매우 중요하다. 이는 하루아침에 이룰 수 있는 것은 아니다.

아이들을 키우면서 드는 대부분의 걱정은 아이들의 문제라기보다는 부모인 나 자신의 마음 문제였다. 우선 아이마다 성향과 기질이 다름을 알아야 한다. MBTI 성격 유형 검사를 해보면 큰아이는 내향성의 비중이 많은 아이다. 성격이 외향적인 아이들은 남들 앞에 서는 일이 그리 어렵지 않다. 그런 아이들은 주변에 친구들도 많이 모이기 마련이고 활동 반경이 상대적으로 넓다 보니 두루두루 관계를 맺는 일도 편하게 할 수 있다.

그러나 내향적인 아이는 그렇지 않다. 속으로는 똑같은 호기심과 경험 욕구가 있더라도 겉으로 표현되는 것이 달라서 금방 눈에 띄는 아이들은 아무래도 외향적인 성향의 아이들이다. 그러다 보니 내향성의 아이들이 자신감이 부족해 보이는 것은 어쩌면 자연스러운 일이다.

그래서 더욱 부모는 자신의 아이를 잘 관찰하고 아이의 성향과 기질을 파악해야 한다. 겉으로 드러나는 모습이 전부가 아닐 경우가 훨씬 많기 때문이다. 또한 아이의 기질에 걸맞은 경험의 기회를 찾아 제공하는 것도 결국 부모의 몫이다. 아이들을 대안교육의 길로 보내며 나는 이러한 것들을 깨닫고 실천하면서 아이가 잘 성장하도록 돕는 데 힘썼다.

기숙학교에서 공동체 생활을 하다 보면 많은 그룹활동이 이루어진다. 특히나 요즘에는 개인적인 학습활동보다는 팀 프로젝트를 하는 경우가 훨씬 더 많다. 이런 크고 작은 그룹 활동을 지속적으로 하다 보면 아이들은 서로에 대해 이해하는 폭이 넓어지게 된다. 또한 그 과정을 통해 소통하는 법도 배우게 된다. 내향적인 아이라고 해서 리더십이 부족한 것은 아니라는 것도 팀 프로젝트를 하다 보면 확인할 수 있다.

아이는 자신이 관심 있고 흥미를 느끼는 분야라면 저절로 리더십을 발휘한다. 비단 반장이 되어 아이들 앞에 서는 것만이 리더십의 형태는 아닌 것이다. 친구들 사이에서 외적으로 두드러지는 아이만 자존감이 높아지는 것도 더더욱 아니다. 중요한 것은 아이가 전하는 메시지를 부모가 얼마나 읽을 수 있는지에 관한 문제이다. 그래서 부모와 자녀 간의 소통은 어느 때나 중요할 수밖에 없다. 아이의 속마음을 어느 정도 알고 있다면 부모나 교사는 현재의 상황과 앞으로 일어날 수 있는 상황에 대해 어느 정도 이해할 수 있고 좀 더 여유 있는 마음으로 아이들을 바라보고 도울 수 있다.

내가 우려했던 반장 선거의 결과는 예상 밖이었다. 반장으로 선출된 아이는 우리 아이도 아니었고 강력한 후보로 예상했던 외향성 친구도 아니었다. 전혀 다른 두 친구가 각각 반장과 부반장이 되었다. 아이의 시선으로 보는 상황은 모든 것을 다 말해주지는 못한다. 어린아이의 시각은 지극히 주관적이고 자기중심적일 수밖에 없다. 그 말을 전해 듣는 부모는 전체적인 상황을 알지 못하기에 더 편협해질 수밖에 없다. 잘못된 가정은 오해를 불러일으키고 아이의 마음이나 상황을 속단하는 실수를 범하게 된다.

더 좋지 않은 것은 거기서 멈추는 것이 아니라 부모가 자기 생각을 아이에게 주입하게 된다는 것이다. 부모의 그런 시도야말로 아이와의 깊은 소통을 가로막는 주범이 된다는 것을 알고부터 나는 좁은 생각에서 벗어나기 위해 노력했다. 비록 반장이나 부반장에 당선되지는 못했지만 아이는 그 일로 인해 자신감을 잃지도 않았고 여전히 학교생활을 즐거워했다.

사소한 듯 보여도 아이들에게는 삶을 뒤흔들 만큼 중대하게 느껴지는 문제가 있는가 하면 아이는 별거 아닌데 부모가 확대 해석하는 경우도 많이 있다. 부모가 이런 아이의 모든 상황을 잘 판단하고 적절히 도와주는 것이 가장 중요한 일이고 아이를 잘 도와주기 위해서라도 더욱 세심한 관심이 필요하다. 너무 작아서 잘 보이지 않는 아이의 마음속 용기와 자신감을 세심한 눈으로 바라봐주는 부모와 아이 한 명 한 명의 특성을 존중해주는 교육환경이 아이의 성장에 정말 중요한 부분이었다.

큰아이가 다방면의 관심사를 가지고 중학교 시절을 보내는 동안에는 사실 전공이나 창의성 그리고 예술성이 아이의 모습 속에서 전혀 표출되지 않았다. 그런데 고등학교에 진학하면서부터는 조금씩 달라지기 시작했다. 실제로 한 해가 다르게 생각이 자라나는 모습을 볼 수 있었다. 중학교 때가 여러 분야를 탐색하고 시도하고 실수를 통해 배우는 시기였다고 한다면, 고등학생 때부터는 본격적으로 자신의 적성과 꿈에 대해 고민하는 시기였다. 이러한 고민은 필수수업을 제외한 대부분의 선택과목을 정하는 일로부터 시작되었다.

많은 프로젝트와 동아리 활동 중에서도 자신의 관심사를 따라 선택하게 되고 그런 과정을 통해 자신의 진로의 방향을 더욱 강화하거나 혹은 다른 분야와 융합하기도 한다. 이런 다양한 배움과 기회들을 자유롭게 탐색하고 선택할 수 있는 이유 중 하나는 선배들과 졸업생들의 모습을 재학생 후배들이 자연스럽게 보고 배우기 때문이다.

교육, 음악, 미술, 건축, 디자인, IT, 창업, 농업, 기술 등등 다양한 분야로 진출해서 배움을 이어가는 별무리학교 졸업생이 많다. 국내 대학에서 공부하는 아이들이 있는가 하면 전 세계 어디든 자신이 원하는 학교에 지원해서 공부하는 아이들도 있다. 별무리학교를 졸업한 아이들과 재학생들의 삶의 이야기를 접하면서 이 아이들이야말로 삶의 예술가라는 생각이 들었다. 자신의 삶을 누구보다 주도적으로 찾아가고 만들어가며 감동을 주는 아이들이 진정한 삶의 예술가들이 아닐까.

맞춤형 교육과정과 고교학점제 그리고 대안학교

교육과정 개정의 화두 고교학점제

2022년 교육부가 발표한 교육과정 개정의 주요 화두는 고교학점제이다. 고교학점제가 전면 시행되는 2025년부터는 전국의 모든 고등학교 학생들이 대학에서처럼 필수과목을 제외하고는 자신이 배우고 싶은 교과목을 선택해서 시간표를 스스로 만들 수 있다. 학생들은 자신의 진로와 적성에 따라 듣고 싶은 과목을 선택할 수 있고 한 교실에서만 머무르는 대신에 각 교과목 수업이 진행되는 교실로 옮겨 다닌다. 경우에 따라서는 다른 고등학교에서 개설되는 과목을 듣기 위해 공동교육과정이 이루어지는 인근의 고등학교로 등교하기도 한다.

고교학점제를 시행하는 교육부의 취지는 공립학교의 고등학생들이 3년간 졸업의 기준이 되는 학점을 채우고 아이들 스스로가 자신의 흥미와 관심사를 고려해 선택적 학습이 이루어지도록 하는 데 있다. 지금까지 교육과정이 새로 개편될 때마다 수험생 부모들 사이에서는 걱정과 우려가 있었던 것도 사실이지만 이번 맞춤형 교육과정과 고교학점제는 많은 학부모와 교사에게 긍정적인 기대와 평가를 받고 있는 것 같다. 물론 혁신적인 제도가 정착되는 데까지는 시행착오의 시간이 필요하지만 전교생들의 시간표가 도장을 찍어내듯 완전히 동일했던 예전의 학교 교육 시스템을 생각하면 이번 교육과정의 개편은 여러 면에서 고무적이다.

고교학점제에 대해 내가 매우 긍정적으로 생각하는 데에는 이유가 있다. 두 딸이 다닌 대안학교에서는 이미 2015년부터 고교학점제를 체계적으로 시행해오고 있다. 고교학점제가 제대로 운영이 된다면 학생들이 학교 교육을 통해 자신의 잠재력을 발견해내고 장래의 적성과 전공의 길을 찾아가는 데 큰 도움이 된다. 지난 수년간 고교학점제와 맞춤형 교육과정이 가지는 장점을 학부모로서 경험해왔기 때문에 자신있게 말할 수 있다.

별무리학교는 전교생이 대략 300명 정도 되는 대안학교이다. 학교는 2015년부터 맞춤형 교육과정을 진행하면서 제도를 정착시켜왔고 2022년 현재는 고등학교에만 대략 300여 개의 수업이 개설되어 있다. 졸업을 위해 아이들이 반드시 이수해야 하는 필수 과목을 제외하고는 학생들 각자가 필요한 수업을 자유롭게 선택하거나 개설해서 들을 수 있다. 일반 고등학교에서는 상상할 수 없는 개수의 수업이 개설되어 있다. 그 많은 수업을 지원할 교사와 교실이 있는지에 대해 의문이 들 수도 있다.

우선 매 쿼터 개설되는 과목들 중에는 고정적인 필수과목들이 있고 교사들이 개설하는 과목과 학생들이 직접 개설하는 과목들도 있다. 또한 멘토링 수업이 있는데 이것들까지 다 포함하면 다양한 수업을 학생들의 필요에 따라 선택해서 들을 수 있는 맞춤형 교육과정 환경이 이루어진다.

교육부보다 수년 앞서 시작한 고교학점제

별무리학교의 고교학점제와 맞춤형 교육과정이 정착되고 지금까지 잘 운영될 수 있었던 배경에는 쿼터제와 어드바이저 제도 그리고 멘토링 제도를 비롯한 다양한 제도를 함께 적용해 운영되었기 때문이다. 또한 이러한 제도를 만들어 정착시키기 위해 빼놓을 없는 학교의 교육철학과 교사들의 집단 지성이 든든한 토대가 되어온 것도 사실이다.

쿼터제

쿼터제는 일반 공립학교의 학기제와 비슷한 개념이다. 그러나 그 내용을 들여다보면 매우 큰 차이가 있다. 일 년을 일반적으로 1학기와 2학기로 나누는 제도가 학기제라면 쿼터제는 일년을 4등분한 제도이다. 아이들은 일 년에 네 차례 새로운 학기를 시작하고 마무리한다. 그 기간 동안 아이들은 쿼터말 평가, 쿼터 발표회, 다음 쿼터를 위한 수강 신청 등을 매 분기마다 해야 된다.

쿼터가 시작되기 전에는 아이들 각자가 시간표를 디자인해야 하는데 이때 학교에서 개설되어 있는 많은 과목 중에 자신의 적성과 진로에 맞는 과목을 선택할 수 있다. 먼저 학교의 온라인 학습관리 시스템인 BLMS 시스템에 접속해서 개설된 과목을 확인하고 듣고 싶은 과목의 수강 신청을 한다. 대학에서 학기 시작 전에 하는 수강 신청 방식과 동일한데, 아이들은 그것을 일 년에 네 번씩 3년 동안 훈련한다.

만약 자신이 듣고 싶은 과목이 개설되지 않은 경우이거나 특별히 공부하고 싶은 과목이나 분야가 있을 때에는 멘토교사의 승인을 받고 학생 스스로 수업을 개설할 수도 있다. 학생이 개설한 수업에는 담당 멘토 교사가 배정되어 한 쿼터 동안 함께 학습을 관리해준다. 일례로 첫째아이와 둘째아이가 직접 개설한 과목도 그동안 여러 가지가 있었다. 음악을 좋아하는 큰딸은 관련된 수업을 직접 개설하거나 멘토 선생님과의 일대일 관리를 받으며 혼자서 연습할 수 있는 시간을 확보했다. 둘째 딸은 자신의 관심사를 따라 심리학이나 미술 전시회 영어회화 등의 과목을 개설해서 몇몇 친구들과 멘토 교사와 함께 수업을 진행하기도 했다.

멘토링 수업이나 학생 개설 수업은 평가를 통해 성적을 매기기도 하지만 보통은 보고서와 자기평가서를 기록하고 Pass와 Fail로 멘토 교사로부터 쿼터말 평가를 받는다. 한 쿼터의 기간은 약 두 달이고 아이들이 신청할 수 있는 학점은 23학점 이상이다.

쿼터의 마지막 주인 9주차 에는 쿼터말 발표회가 있다. 발표회 또한 학습과 평가의 연장선이다. 어떤 면에서는 한 쿼터를 마무리하고 다음 쿼터를 준비하는 가장 중요한 주간이기도 하다. 아이들은 스스로 디자인하고 진행한 학습에 대해 자기 평가서를 쓰고 담당 선생님과 부모님들 앞에서 한 쿼터동안 진행한 학습내용에 대해 프레젠테이션을 한다.

자기평가서 작성과 발표 준비를 위해 준비해야 할 것이 많고 쿼터말에 치러지는 시험도 봐야 해서 아이들은 눈코 뜰 새 없이 바쁜 시간을 보내게 되지만 그런 시간을 통해 아이들은 자신의 학습 동기와 과정을 객관적으로 바라볼 수 있게 되고 자신의 진로나 관심사에 대해 실질적이고 구체적인 탐색을 할 수 있다.

비교적 단기간인 2개월마다 이런 계획과 평가를 새롭게 구성함으로써 자신의 학습 속도와 스타일까지도 객관적으로 볼 수 있다. 처음 고등학교에 올라가서는 이런 쿼터제와 맞춤형교육과정 학습이 낯설 수도 있다. 따라서 중학교부터 부분적으로 이러한 교육과정을 훈련하는 과목들이 있다. 또한 고등학교의 첫 학년인 10학년의 교과목은 주로 필수교과의 비중을 크게 잡고 있어서 아이들의 시행착오를 줄이도록 하고 있다.

어드바이저 제도와 멘토링 제도

맞춤형 교육과정 시스템에서는 20명이 한 반을 이루는 학급이 큰 의미가 없다. 아이들의 시간표가 매우 다양하기 때문이다. 보통은 6~8명의 학생들로 이루어진 어드바이저팀으로 구성된다. 각 어드바이저 팀에는 담당 어드바이저 교사가 학생들의 학교생활 전반과 진로진학 그리고 생활 관리까지 담당한다. 고등학교의 학점제와 쿼터제를 잘 이해하고 효과적으로 학교생활을 해나갈 수 있도록 아이들을 지도하고 도와주는 이들이 바로 어드바이저 교사이다.

멘토 교사의 범위는 어드바이저 교사보다 좀 더 광범위하다. 가장 일반적으로는 교과목 멘토가 있어서 학생들의 부족한 학습을 개별적으로 도와준다. 또한 외부 멘토를 지원해주는 경우가 있는데 학교에 해당과목의 지도교사가 없거나 특별한 멘토링이 필요한 경우에 외부 멘토를 연결해준다. 또래나 선배 멘토링을 통해서도 아이들은 많은 도움을 받고 있다. 또래 멘토링은 교과학습을 돕는 데 매우 효과적이고 심리상담이나 책을 읽고 토론하는 데도 활용되고 있다.

고등학생들이 멘토링 신청을 할 때는 한 쿼터 동안 어떤 멘토에게서 자신의 학습과 진로와 생활면에 도움을 받아야 할지 스스로 생각하고 결정해서 지원해야 하기 때문에 아이들의 입장에서 심사 숙고해서 지원한다. 멘토링의 기간도 정해진 것은 아니다. 한 쿼터에 마무리되는 멘토링도 있고 일 년 내내 지속되는 경우도 있다. 이 외에도 선후배 양육프로그램이나 유턴십(인턴십) 같은 다양한 프로그램 등을 통해 아이들은 보다 체계적이고 효율적인 학습 환경 안에서 도움을 받고 있다.

학생 개인의 속도와 흥미를 고려한 맞춤형 교육과정과 고교학점제를 도입하고 7년이라는 시간이 지나왔다. 그리고 2022년 봄에 교육부에서 발표한 교과과정 개정안은 학부모로서 반갑고 놀라운 변화이다. 전국의 학생들의 교과과정을 획일화하고 틀에 맞춘 교육을 고수해온 수십 년간의 공교육 시스템도 이제는 서서히 역사 속으로 사라져가고 있다.

2장

배움의 즐거움을 안다는 것

"학교가 너무 재미있어요"

내일 빨리
학교 가고 싶어서
오늘 일찍 잠드는 아이

과연 좋은 학교란 어떤 학교일까

　주말 내내 학교 가고 싶다고 노래를 부르더니 일요일에 잠자리에 들며 내일 학교 가는 날이라 행복해한다. 학교가 이렇게 하루라도 빨리 달려가고 싶은 즐거운 장소일 수 있음을, 나는 딸아이들을 보며 처음 알았다. 내가 일주일 동안 아이가 돌아오기만을 오매불망 기다리던 심정으로 아이는 주말 내내 다시 학교에 가기만을 기다렸다. 잠자리에 들 때면 나에게 이런 말을 자주 했다.
　"엄마, 좋은 학교 보내줘서 고마워."

처음 그 말을 들었을 때 가슴이 찡하면서 이내 울컥해졌다. 이제 막 초등학교를 졸업하고 중학교에 입학한 아이가 좋은 학교가 어떤 학교인지 알고 하는 말일까. 만약 공립학교를 다녔더라도 아이는 이렇게 학교 가는 것을 기다리며 나에게 고맙다는 말을 했을까.

과연 좋은 학교란 어떤 학교일까. 아이의 모습을 보면서 많은 생각들이 머릿속을 떠나지 않았다. 보통 엄마들이 첫 아이를 향해 극성인 것처럼 나도 아이가 유치원에 들어가기도 전부터 사교육을 시킨다며 유난을 떨었다. 음악이든 미술이든 요리든 누가 좋다는 학원이 있으면 당장 달려가 상담을 받았고 무엇 하나 빠뜨리는 것 없이 다 시켜야 할 것만 같았다. 내 아이를 위한 교육의 중심이나 철학을 갖기는커녕 아무런 기준 없이 남들 쫓아다니기 바빠 정신없이 시간을 보냈다. 큰딸은 한글도 제대로 배우기 전부터 소위 학원 뺑뺑이를 도느라 마음껏 놀 시간도 없었다.

아이가 여섯 살 때 하루는 영어유치원에서 담임선생님한테 전화가 왔다. 아이가 말을 하지 않고 자꾸 친구랑 귓속말만 한다는 것이었다. 그날 집에 돌아온 아이에게 이유를 물어보니 유치원에서 선생님이 한국말을 쓰지 못하게 해서 말을 하지 않았다고 했다. 그래서 선생님한테 들키지 않게 귓속말로 친구랑 하고 싶은 얘기를 한다고 말했다. 영어유치원에서는 당연히 수업시간에 영어로만 대화를 해야 아이들 영어회화 실력이 원어민처럼 유창해진다고 설명했고 나도 그런 교육 시스템에 찬성했지만 그날 아이의 말을 듣고부터는 어딘지 모르게 마음 한구석이 찜찜했다. 아침부터 오후까지 하루 종일 친구랑 말도 제대로 할 수 없는 유치원 생활이 아이에게 얼마나 답답하게 느껴졌을지 새삼 깨달았다.

결국 일곱 살부터는 초등학교의 학습을 잘 준비시켜준다는 일반 유치원으로 옮겼다. 아이가 초등학교에 들어가고부터는 학교를 마치고 바로 다음 학원 스케줄이 기다리고 있었다. 저녁 내내 해도 다 하지 못할 학교 숙제와 학원 숙제를 잔뜩 받아서 집에 돌아오면 여러 과목의 학습지가 아이를 기다리고 있었다. 학습지 중에서도 기계적으로 단순 계산을 계속하게 하는 수학학습지를 아이는 정말 싫어했다. 걸핏하면 학습지가 밀리기 일쑤였고 그럴 때마다 나는 아이를 나무라곤 했다. 풀지 않은 학습지는 몇 주만 지나면 열 권이 넘게 쌓였고 그것 때문에 아이와 나는 서로 스트레스를 받았다. 지금 생각하면 공부의 즐거움과 재미를 스스로 깨닫기도 전부터 공부는 '지겨운 것, 하기 싫은 것'이라는 인상을 무의식중에 심어주고 있었던 것이다.

학교도 마찬가지였다. 친구들이 함께 모이는 곳이고 얼마든지 배움의 즐거움을 발견할 수 있는 곳 임에도 방과후 학원 스케줄이 아이를 매일 지키게 했고 그 때문에 학교 마저도 즐거운 곳이 되지 못하도록 만들어왔던 것이다. 처음에 대안학교를 찾게 된 동기는 내 교육관에서 비롯되었다기보다는 신도시의 교육환경 때문이었지만 대안학교를 알아보고 아이를 입학시키는 과정을 통해 내 안에 분명 새로운 생각의 변화가 일어나고 있었다.

　무엇보다 큰아이가 대안학교에 입학하고 너무나 행복하게 학교를 다니는 모습을 보면서 그전에는 당연하게 생각했던 교육의 방법들이 어쩌면 당연한 것이 아닐 수도 있겠다는 생각을 했다. 그동안 아이의 교육에서 뭔가 더 중요한 것을 놓치고 있었다는 생각을 시작한 것도 그때부터였다.

　이왕에 대안학교에 보내기로 마음먹은 이상 두 아이에게 일관성 있는 교육의 길을 걷게 하는 것이 중요할 것 같았다. 그러기 위해서는 우선 전통적인 입시제도 안에서 고착화된 나의 가치관을 수정하는 일이 필요했다. 그렇지 않고서는 행복하게 학교를 다니는 아이와 공부를 많이 시켜야 하는 나의 생각의 차이 때문에 갈수록 더 힘들어지기만 할게 뻔해 보였다.

　나의 굳어진 고정관념을 유연하게 하는 가장 좋은 방법으로 책 읽기를 선택했다. 우선은 학교에서 부모들을 위해 추천해준 필독서를 중심으로 읽기 시작했다. 그리고 아이들을 위한 필독서도 함께 읽었다.

　부모 필독서 중 처음 읽었던 책은 『조용한 혁명, 기독교 학교』라는 책이었다. 그 책을 처음 읽었을 때의 충격은 지금도 생생하게 기억한다. 그만큼 나에게 적지 않은 영향력을 가져다준 책이다. 공교육에서 대안교육으로 전환하던 초창기에 읽은 책의 강도가 너무 세다 싶을 정도로 그때까지의 공교육에 대한 나의 고정관념에 사정없이 망치질을 하는 듯한 책이었다. 결국 끝까지 다 읽기는 했지만 격양된 문체와 급진적인 저자의 생각에 완전히 동의할 수만은 없다는 결론으로 책을 덮었던 기억이 난다.

그런데 놀랍게도, 그동안 읽었던 여러 자녀교육서들 중에서 시간이 지날수록 여러 번 재독하게 되고 또 다른 사람들에게 추천하게 되는 책이 바로 그 책이다. 『조용한 혁명, 기독교 학교』는 반복해서 읽을수록 왜 저자가 그토록 간절하게 지금의 교육 현실에 대해 비판하는 목소리를 높였는지 이해할 수 있게 된다. 그리고 동시에 개인이 쌓아온 가치관과 신념의 틀을 단번에 흔들어 깨는 것이 얼마나 힘든 일인지 알게 해주는 책이다.

이후에도 많은 책을 읽으면서 내가 가지고 있던 자녀교육에 대한 생각의 틀을 깨는 일을 지속했다. 공교육의 울타리를 넘어 굳이 집에서 멀리 떨어진 대안학교에 아이를 보내고 나의 가치관까지 바꾸려는 노력을 해왔던 가장 큰 이유는 바로 아이의 얼굴에 드러난 행복한 표정이다. 학교는 지루한 공부를 억지로 해야 하는 고통스러운 곳이 아니라 학교는 즐거운 곳이고 날마다 가고 싶은 곳이라는 사실을 나도 아이의 모습을 통해 처음으로 알게 되었다. 그리고 내가 느끼지 못했던 학창시절의 행복을 아이에게서 빼앗고 싶지 않았다.

내가 중고등학교를 다니던 시절의 기억을 되짚어보면 학교는 딱히 가기 싫었던 곳은 아니었지만 그렇다고 가고 싶은 장소도 아니었다. 그냥 다녀야 하는 곳이었기 때문에 별생각 없이 매일 아침 눈을 뜨면 학교로 향했다. 무엇보다 다른 친구들도 모두 그렇게 하고 있었기에 학교를 가는 것은 당연한 일이었고 재미 유무나 개인감정 따위는 전혀 중요한 문제가 아니었다. 학창 시절을 거쳐 대학을 졸업할 때까지도 학교를 왜 다녀야 하는지에 대한 나의 관점은 존재하지 않았다. 단순히 학벌을 위해 그리고 취직을 위해서 학교를 졸업해야 한다는 생각뿐이었다.

어릴 때부터 그런 가치관속에서 살아온 나에게 학교가 즐거운 곳이 될 수도 있다는 생각은 신선한 충격처럼 다가왔다. 세대 차이에서 오는 문화적 충격과는 다른 것이었다. 학교가 이토록 재밌고 즐거운 곳이라면 그곳에서 이루어지는 배움 역시 즐거울 수밖에 없다는 생각이 들었다.

마음을 여는 상담과 양육

별무리학교의 7학년 신입생 시간표는 생각보다 빡빡했다. 기숙사에서 나와 아침식사를 끝내면 8시부터 하루 일과가 시작된다. 교실에 들어가서 가장 먼저 하는 일은 아침독서이다. 매일 아침 30분 동안 책읽기로 하루를 열면 그다음으로는 하루 동안 자신이 할 일들을 기록하고 계획하는 시간을 잠깐 가진 다음 담임선생님과 함께 대화하는 시간이 이어진다.

양육시간이라고 부르는 그 시간은 선생님들이 아이들의 마음 상태나 건강 상태를 유심히 살피는 시간이기도 하다. 밤새 기숙사에서 몸이 아팠던 아이는 없는지 친구들과의 관계 때문에 힘들어하는 아이는 없는지 세세히 관심을 가지고 대화하다 보면 7학년 대부분의 아이들은 자신의 속마음을 담임교사에게 털어놓게 된다. 어린 아이들이 기숙학교에서 단체 생활을 하다 보면 친구들과의 크고 작은 갈등이 생기게 마련이다. 특히 사춘기를 지나는 민감한 정서의 아이들은 적절한 관심과 돌봄이 필요한 때이기 때문에 교사들은 아이들의 생활 면면을 꼼꼼하게 체크하는 일을 중요하게 여겼다.

각 반 담임선생님이 운영하는 밴드는 학부모와 교사가 소통하는 공간이 되었다. 아이들이 일주일 동안 공부하고 생활하는 모습을 사진에 담아 올려주면 부모들은 댓글로 감사와 감동의 뜻을 표현했다. 혹여 생활하는 중에 아이에게 문제가 생기면 전화나 상담을 통해 부모와 교사가 함께 아이를 도와주며 문제를 해결해갔다.

아이들에게 발생하는 문제들의 해결방식은 특히나 인상적이었다. 보통의 학교에서는 학생들의 수가 많고 발생되는 문제도 많기 때문에 담임교사들이 일일히 신경을 쓰고 싶어도 그렇지 못한 경우들이 많다. 따라서 가해자와 피해자를 나누고 가해 학생에게 주는 처벌의 수위를 정하고 문제를 덮어버리는 것으로 종결시키는 것이 기존의 문제해결 방식이다.

하지만 대안학교의 문제해결 방식은 전혀 달랐다. 어디서나 아이들이 모이는 곳에서 발생할 수 있는 크고 작은 관계의 문제들을 대하면서 교사들은 가해 학생과 피해 학생 각자와 최대한 많은 대화를 하려고 노력했다. 학생뿐만 아니라 부모와의 대화도 여러 차례 했고 그 과정에서 문제가 발생할 수밖에 없는 근본적 원인을 찾고 아이의 마음 상태를 읽는 일에 많은 시간을 들였다. 이렇게 서로의 입장을 듣는 대화의 시간 이후에는 가해 학생이 피해 학생에게 진심 어린 사과를 할 수 있게 해주었다.

교사들로서는 매우 오랜 시간이 걸리고 많은 신경을 써야 하는 일이었다. 간단하게 가해 학생을 처벌하는 것으로 마무리 짓는 것이 어떤 면에서는 효율적인 문제해결 방식이라고 생각할 수도 있겠지만 아이들의 마음 상태는 전혀 그렇지가 않다는 것을 부모와 교사들은 잘 알고 있다. 예민한 청소년기에 관계 속에서 겪는 갈등과 상처는 생각보다 오래 아이들의 마음속에 응어리로 남는다. 교사들은 그런 아이들의 마음을 읽어주고 공감해주는 일에 최대한 힘을 쏟았고 그런 과정이 아이들과 부모들에게 감동을 주었다.

물론 어릴 때부터 가정환경 속에서 비롯된 오랜 상처로 인해 발생되는 여러 복잡한 문제들이 단번에 모두 해결되는 것은 아니었지만 적어도 교사들이 아이들을 하나하나 마음에 품고 이해하려고 노력하는 모습은 부모의 사랑과 돌봄 그 이상이었다.

실제로 우리 아이들이 대안학교를 다닌 지난 10년 동안 방학을 제외하고는 집에서보다 학교에서 지내는 시간이 훨씬 많았다. 집밥보다 학교밥을 훨씬 더 많이 먹고 자랐고 담임과 부담임선생님을 엄마, 아빠보다 더 많이 만나고 의지하며 살아왔다고 해도 과언이 아니다. 가치관이 형성되는 청소년기 대부분의 시간을 이렇듯 소통과 수용의 환경 속에서 자랄 수 있는 것은 축복과도 같은 일이다.

자유 속에서 배우는 책임감의 무게

부모들의 끝없는 딜레마, 휴대폰

요즘 십대 아이들의 주된 큰 관심사는 친구관계와 입시일 것이다. 그리고 그다음을 잇는 이슈로는 아마도 휴대폰, 화장, 연애가 아닐까 싶다. 그중에서도 휴대폰은 아이들에게 없어서는 안 될 필수템이다. 부모들이 보기에는 휴대폰을 가지고 노는 것만 같은데 실제로 아이들은 공부, 취미활동, 친구관계 등 거의 모든 일상이 휴대폰을 통해 이루어지고 있다. 미디어 세대의 아이들 세상을 이해하는 가장 유용하고 재미있는 수단 또한 휴대폰이다. 아이들에게 휴대폰이 없다는 것은 친구들과의 단절이고 세상과의 단절을 의미하기 때문에 휴대폰을 과감하게 빼앗을 수 있는 부모는 거의 없다.

불과 5~6년 전까지만 해도 아이들의 휴대폰 사용 통제에 대한 찬반 토론이 부모들 사이에서도 분분했는데 최근 그런 논쟁조차 전반적으로 사그라지는 분위기이다. 이미 휴대폰은 아이들의 삶의 일부가 되어가고 있다. 휴대폰이 두뇌에 미치는 영향을 포함한 여러 가지 유해성을 모르는 것은 아니지만 요즘 아이들은 태어나면서부터 손바닥에 휴대폰이 놓여 있는 포노 사피엔스(phono sapiens, 스마트폰(smartphone)과 호모 사피엔스(homo sapiens)의 합성어로, 휴대폰을 신체의 일부처럼 사용하는 새로운 세대)이다. 그런 아이들로 하여금 어떻게 다른 데 관심을 돌리게 할 것인지는 부모들의 가장 큰 고민거리 중 하나이다. 당장 휴대폰을 빼앗거나 통제할 수는 있겠지만 부모와 자녀와의 관계에 악영향이라는 대가를 지불해야 가능한 일이기도 하다. 휴대폰에 있어서만큼은 부모는 아이들을 이길 수 없는 현실이 되었다.

이렇게 떼려야 뗄 수 없는 10대와 휴대폰을 과감하게 떨어트린 곳이 바로 아이들이 다녔던 대안학교이다. 입학 전부터 휴대폰 사용 금지 규정에 동의해야 입학이 가능하기 때문에 모든 학생은 주중에 휴대폰을 사용할 수 없다. 아이들은 주말에 귀가할 때에만 휴대폰을 받았고 일요일 저녁에 다시 기숙사로 들어가면서 담임교사에게 휴대폰을 제출했다. 주중에 딱 한 번, 수요일 점심시간에 한 시간 정도 휴대폰 사용을 할 수 있는데, 아이들은 그 시간에 주로 집으로 전화하거나 밀린 SNS 또는 게임을 한다.

  비록 통제에 의해서지만 휴대폰 사용이 줄어든 상태로 두 딸아이가 청소년기를 보내는 모습을 지켜보니 장점이 많음을 실감했다. 우선 휴대폰을 사용하는 시간이 적은 만큼 여러 가지 유해한 영향으로부터 떨어져 지낼 수 있었다. 먹고 자는 시간을 제외하고 휴대폰을 손에서 놓지 않는 게 요즘 아이들이다 보니 당연히 불만이 생길 수 있다. 그런데 학교의 모든 친구가 휴대폰을 사용하지 않다 보니 처음에는 불편해하다가도 시간이 지날수록 자연스럽게 받아들였다.

  유일한 문제는 주말이나 방학 중에 학교에서 하지 못했던 휴대폰 게임이나 SNS를 몰아서 하는 경우이다. 아이들이 휴대폰이나 컴퓨터에서 눈을 떼지 않는 모습을 주말 내내 봐야 한다면 좋아할 부모는 거의 없다. 아이들이 주중에 휴대폰을 하지 못한 보상심리로 더 많이 하는 것일 수도 있다. 그런데 이에 대해서는 사실 가정의 분위기와 부모의 역할도 중요하다.

  흔히 '무슨 일이든 질리도록 실컷 하게 해주면 더는 하지 않는다'라는 말이 있는데, 휴대폰에서만큼은 예외인 것 같다. 실제로 장시간 휴대폰에 노출되는 아이들일수록 미디어 중독의 위험이 높고 일상생활에 어려움을 겪는 것이 사실이다. 그런 아이들에게서 휴대폰을 일시적으로 빼앗으면 금단현상 때문에 부모나 교사와 심한 갈등을 일으키기도 한다. 무조건 금지하고 통제하는 것이 다 좋은 것은 아니겠지만 아이들이 십대를 지나는 동안만이라도 미디어 기기의 지혜로운 사용에 대해 반드시 어른들이 도와야 할 것이다.

연애, 언제 시작하면 될까

휴대폰 사용 이외에 학교에서 하지 못하는 것이 두 가지 더 있다. 바로 화장과 연애이다. 화장은 주로 여학생들의 이슈로, 학생 자치회가 열릴 때마다 매번 주요 안건이 되었다. 화장을 허용해 달라는 학생들의 의견과 화장을 금지하자는 학부모와 교사들의 의견이 팽팽하게 맞서곤 했다. 아이들은 자기표현의 욕구와 아름다워질 권리를 어른들이 막고 있다고 말했고 어른들은 젊음 자체로 아름다우니 화장을 하지 않아도 예쁘다고 말했다.

해마다 회의를 통해 아이들과 어른들이 옥신각신하며 서로의 의견을 조율하는 동안 화장에 대한 규칙은 처음보다 많이 완화되었다. 지금은 고등학교에서 어느 정도의 화장을 허용하고 있다. 학생 자치회의 수년간의 노력의 결과라고도 볼 수 있다. 어른들 눈에 아이들은 그 자체로 예쁘기만 한데 아이들의 생각은 그렇지가 않다. 외모를 가꾸는 것도 자신을 사랑하는 하나의 방법이고 자신만의 스타일을 찾아가기 위한 노력을 어릴 때부터 해야 한다는 아이들의 말도 맞는 말이다.

그럼에도 여전히 화장에 대해 학교에서 규칙과 약속을 정했던 이유는 공동체의 문화와 분위기 때문이다. 화장, 염색, 타투 등이 얼마든지 자유로운 자기표현의 방법이 될 수도 있지만 공동체의 문화를 만들고 순응해가는 법을 가르치는 것도 교육의 한 부분일 것이다. 질서와 규칙을 당연하게 받아들였던 부모세대와 지금의 아이들 세대는 가치관이 전혀 다르다. 자유분방함과 자기표현을 훨씬 더 가치롭게 여기는 젊은 세대에게 전통의 가치와 공동체의 조화에 대해 이야기할 수 있는 교육환경이라면 그 안에서 아이들도 균형과 조화를 찾아가게 될 것이다.

화장을 비롯한 외모에 대한 규칙은 어느 정도 학생 자치회와 의견의 차이를 좁혀갈 수 있었지만 연애는 또 다른 문제였다. 학교 입장에서는 학생들의 연애를 허용하거나 허용하지 않거나 둘 중 하나의 선택지뿐이었다. 별무리학교는 개교 이래로 지금까지도 연애 금지를 고수해오고 있다.

재학중 연애에 대해 언제나 찬반 의견이 있어 왔고 아마도 앞으로도 계속 그럴 것이다. 연애를 금지한다고 해서 이성에 관심을 갖기 시작하는 사춘기의 아이들이 당장 이성에 관심이 없어지는 것도 아닐 것이고 마음속에 저절로 생기는 좋아하는 감정까지 막을 수는 없는 노릇이기 때문이다. 기숙학교에 보내는 부모들의 생각은 지금의 연애 금지 규율에 대부분 찬성하고 있지만 여기에도 아이들과는 분명히 다른 생각의 차이가 존재한다. 아이들에게는 당연하고도 자연스러운 연애 감정을 언제까지 규칙으로만 억누를 수 있을지는 미지수이다.

빠르게 변하는 생각의 속도와 세대의 문화 차이를 두고 어른들이 생각하는 가치관을 아이들에게 요구하는 것도 앞으로 시간이 흐를수록 점점 더 어려워지게 될 것이다. 문화의 차이, 가치관의 다름, 생각의 다양함 속에서 틀에 얽매이지 않는 아이들과 소통하며 그들에게 올바른 가치관을 심어주는 교사들은 하루하루가 팽팽한 긴장감 속에 외줄타기를 하는 기분일 것 같다.

재학생들에게 연애 이야기는 불문율에 가까운 것이지만 언젠가 큰딸 아이들 동기인 졸업생들의 연애에 대한 의견을 들어볼 기회가 있었다. 아이들의 학창시절 연애에 대한 다양한 생각에 공감도 되었고 비밀 연애를 하다 들킨 아이들의 애환을 들으며 웃프기도 했다. 어떤 아이는 학교 다닐 때 연애를 해서는 안 된다는 말만 들어서 스무 살이 한참 넘도록 연애를 못 하고 있다는 우스갯소리도 했다. 또 어떤 아이는 이제는 말할 수 있다며 비밀 연애 사실을 밝히기도 했다.

나는 공동체 안에서 비슷한 생각과 가치관을 가진 아이들 사이에 좋은 관계를 만들어가는 것은 매우 바람직한 일이라고 생각한다. 이따금 부모들끼리 가벼운 대화를 나눌 때에도 자신의 아이가 이왕이면 같은 학교의 아이와 교제도 하고 결혼도 했으면 좋겠다는 의견이 대부분이다. 그런데 학창시절에는 연애가 절대 금지이니 졸업과 동시에 부지런히 자신의 짝을 찾아야 할지도 모르겠다.

또래 선생님을 만나다

과학은 배우고 국어는 가르치고

　학교 시험기간을 앞두고 둘째아이가 같은 학년 친구와 주말마다 영상통화를 하던 때가 있었다. 대안학교를 다니면서 공부 스트레스를 덜 받는다고는 하지만 아무리 그래도 그렇지 고등학생이 저렇게 해맑아도 되나 싶어서 잔소리를 몇 번 했다. 그때마다 둘째아이는 과학을 공부하는 중이라고 말했고 나는 도무지 공부하는 분위기 같지 않은 영상통화를 하는 아이가 미덥지 못했다.
　나를 닮았는지 둘째아이는 유독 수학과 과학을 재미없어 했는데,

특히 과학과목 때문에 스트레스를 받았다. 과학책을 펼 때마다 '어렵다', '과학하고는 맞지 않는다', '울렁증이 생기겠다'라는 말을 자주 했다. 과학과 자꾸 멀어져가는 아이를 옆에서 보면서 나도 어떻게 도와줘야 할지 난감했다. 주말반 학원이나 인강을 찾아보기도 했지만 무엇 하나 시원한 해결책은 아닌 듯했다.

그렇게 한동안 고민하다가 결국 아이가 방법을 찾아냈다. 같은 학년에 과학을 잘하는 친구한테 주말에 줌(zoom)으로 도움을 받기로 한 것이다. 둘째아이는 과학을 어려워하는 반면 국어만큼은 자신 있어 했다. 그래서 자신은 그 친구에게 국어를 가르쳐주고 그 친구는 자신에게 과학을 알려주기로 했단다. 그런 사정을 듣고 주말마다 친구와 화상통화를 하며 공부를 한다는 아이의 말을 이해는 했지만 큰 효과는 기대하지 않았다.

그런데 아이들이 서로의 부족한 과목을 도와주고 가르쳐준 결과는 놀라웠다. 우선 둘째아이는 과학 울렁증이 사라졌고 안 풀리던 과학문제가 풀린다며 좋아했다. 재미있게 과학을 배우고 이해하면서 시험 성적도 만점에 가까운 점수로 바뀌었다. 그 친구 역시 국어 실력이 많이 올라 좋은 점수를 받았다고 했다.

딸아이와 친구의 품앗이 과외는 공부에 대한 나의 고정관점을 깨뜨리는 전환점이 되었다. 화상통화를 하며 웃고 떠드는 것처럼 보였던 딸아이에게 내가 했던 잔소리는 '공부는 그렇게 하는 게 아니야'라는 말이었다. 그러나 그건 나의 고리타분한 생각일 뿐이었다. 또래 선생님의 도움으로 즐겁게 공부하면서 자신의 약점을 보완해가는 아이에게는 스스로 문제를 해결해가는 놀라운 힘이 내재되어 있었다.

가르치며 성장하는 또래 멘토링

주중에 학교 기숙사에 있다 보니 특별한 경우가 아니면 학원이나 과외를 받기가 어려운 대안학교 학생들에게는 또래 선생님처럼 좋은 선생님도 없다. 자신의 눈높이에서 재미있게 가르쳐주는 친구의 설명은 그 어떤 스타 강사의 강의보다 귀에 쏙쏙 들어오기 마련이다.

또래 선생님의 장점에 대해 잘 알고 있는 학교에서도 '또래 멘토링' 제도를 적극적으로 권장하고 있다. 아이들은 국영수 같은 교과목뿐만 아니라 악기를 배우고 가르치기도 한다. 음악을 전공하고 있는 첫째아이는 고등학생 때 중학교 후배들에게 기타 레슨을 해주었다. 중학교 남학생들에게 딸아이의 기타 멘토링 수업이 특히 인기가 높았는데 매번 정원이 일찍 마감되었다. 일 년 동안 열심히 가르친 후배들이 연말 축제 무대에서 기타를 연주하는 모습을 흐뭇하게 바라보던 딸아이의 표정이 지금도 기억이 난다.

다른 사람을 가르치면서 자신이 더 배우게 되는 것처럼 아이들은 서로 가르치고 배우는 경험을 통해 스스로 성장한다. 비단 가르치는 방법을 배우는 것뿐만 아니라 그 과정에서 협력하고 문제를 해결해 나가는 방법도 깨우친다.

또래 멘토링이 아이들에게 미치는 효과는 생각보다 다양하다. 아이들이 중학교에서 고등학교로 올라가면 수강 신청이나 쿼터 발표회를 비롯해서 중학교 때와는 많이 다른 교육과정에 적응하는 시간이 필요하다. 일반고등학교처럼 정해진 시간표대로 수업을 듣는 것이 아니라 매 쿼터마다 각자 학점 신청을 하고 시간표를 짜야 하기 때문이다. 개인의 학습 관리를 어드바이저 교사가 코칭해주기도 하지만 세세한 부분까지 신경 쓰기는 쉽지 않다. 이때 선배 멘토의 코칭은 신입생 후배들이 학교생활에 적응하는 데 큰 도움이 된다.

딸아이들도 고등학교에 올라가자마자 선배에게 멘토 신청을 했다. 일주일에 한 번씩 시간을 정해서 대화를 나누며 학교생활에 대해 도움을 받았고 때로는 마음속 고민을 서로 털어놓기도 했다. 멘토-멘티의 관계가 모두 특별한 관계로 발전하는 것은 아니지만 딸아이의 경우에는 졸업 이후에까지도 계속 연락하고 만나며 인생의 둘도 없는 친구이자 좋은 선후배로 지내고 있다.

멘티였던 후배는 학년이 올라가면 다시 멘토가 되고 선배들에게서 받았던 도움을 후배들에게 전해준다. 고등학생들의 멘토-멘티 활동은 학습과 학교생활 전반에 도움을 주고받으며 다양한 형태로 서로에게 긍정적인 영향을 준다. 예를 들면 책 한 권을 정하고 매주 정해진 분량을 읽은 후에 서로 느낀 점을 나누는 독서 멘토도 있고,

딸아이가 친구에게 도움을 받았던 것처럼 교과목 멘토도 있다. 보통 친한 선후배 간에 멘토링이 진행되지만 처음부터 친하지 않더라도 멘토-멘티 관계를 통해 친해지는 경우도 많다.

간혹 대학생들이 교생실습을 오는 때가 있는데 교생 실습 역시 멘토링의 형태로 이루어진다. 대학생 멘토링이 진행되는 기간에는 아이들마다 자신이 관심 있어 하는 학교나 전공 분야를 따라 멘토링 신청을 하게 되고 교생들로부터 대학생활과 전공학습에 대해 구체적인 설명을 듣는 시간을 갖는다. 아이들은 대학생 선배들의 이야기를 통해 자신의 진로와 전공에 대해 생각해보게 된다.

졸업한 선배들의 일상을 재학생 후배들에게 공유해주는 기회는 멘토링뿐만아니라 갭이어제도를 통해서도 이루어진다. 갭이어는 졸업생들이 일정 기간 고등학교로 돌아와 다양한 프로젝트를 진행하는 제도인데 갭이어에 참여하는 대학생 선배들이 후배들에게 강연을 하거나 함께 프로젝트를 진행하면서 자신들의 졸업 이후의 삶을 공유하며 격려해주는 시간이다.

해마다 졸업생들의 갭이어 참여도가 높아지고 있고 가끔은 지역 학부모 모임에도 졸업생들이 강사로 초정되어 강연회가 열리기도 한다. 1기 졸업생부터 시작해서 지금은 12기의 재학생들까지 하나의 공동체를 이루고 있다. 물론 교사들과 부모들의 좋은 영향력도 크지만 또래 선생님 또래 멘토의 영향력은 아이들에게 공동체성과 함께하는 삶에 대한 가치를 일깨우는 특별한 기회가 되고 있다.

함께 걷다 보면
깨닫게 되는 것,
국토순례 이야기

늦여름에 매일 한 시간을 걷는 이유

늦여름이 저물 무렵이면 별무리학교 아이들은 하루에 한 시간씩 걷기 연습을 한다. 가을에 있을 국토순례를 위해 미리 체력을 단련하는 것이다. 저녁 해가 산등성이로 넘어갈 때쯤 하루 일과가 끝나면 아이들은 기숙사로 들어가기 전 마을길을 걷는다. 선선한 저녁 바람을 맞으며 친구들과 걷는 그 시간은 체력 단련이라기보다는 즐거움 가득한 산책과도 같다.

하루 여섯 시간씩 꼬박 2박 3일을 걸어야 하는 국토순례 대장정은 해마다 전교생이 참여하는 학교의 큰 행사 중 하나이다. 지나고 보면 좋은 추억으로 남을 테지만 막상 걷는 동안에는 자신의 정신적 육체적 한계와 마주하게 된다. 처음에는 그냥 걷기만 하면 되는 줄 알고 호기롭게 발을 내딛던 아이들도 끝없이 이어지는 길 위에서 하나둘 표정이 굳어지고 말수도 줄어든다.

아이들이 걷는 길은 교사들이 미리 답사를 마친 시골길이나 도보 여행길이다. 보통은 맨 앞줄에서 가장 잘 걷는 친구가 깃발을 든다. 연두색 조끼를 맞춰 입은 아이들의 대열 맨 끝에는 역시 체력이 좋은 아이들과 선생님들이 걷는다. 중간에서 뒤쳐지는 아이들을 격려하며 계속 걸을 수 있도록 도와주기 위해서이다. 아이들의 대열을 따라 지원 차량이 천천히 보조를 맞추며 그 뒤를 따른다. 비상약, 물, 간식, 무거운 배낭 등을 실은 차량은 중간 휴식 시간마다 든든한 지원군이 되어준다.

국토순례 첫째날에는 대체로 아이들의 표정이 밝다. 노래도 부르고 친구들이랑 종알거리면서 들뜬 분위기로 시작되지만 시간이 흐를수록 즐거웠던 분위기는 가라앉고 겨우 두어 시간 걸었을 뿐인데 마음속에는 당장이라도 지원 차량에 올라타고 싶은 마음이 굴뚝같아진다. 누구라도 먼저 차에 타겠다고 말하는 친구가 있다면 너도 나도 엄살을 부려보겠지만 먼저 나서는 친구는 쉽게 나오지 않는다. 걸으면서 계속 '힘들다', '다리 아프다'라고 구시렁댈 뿐이다. 시간이 좀 더 지나면 이제 구시렁대는 소리조차 낼 기운도 없어지고 아이들의 머릿속에는 오로지 숙소에 도착해서 쉬고 싶은 생각뿐이다.

걷다가 적당한 평지가 나오면 잠시 길에 앉아 쉬면서 간식도 먹는다. 아이들은 땅바닥이 방바닥인 것처럼 앉은 자리에 그대로 눕는다. 서로 어깨를 두드려주는 친구도 있다. 그 시간만큼은 소박한 시골길이 소파가 되고 침대가 된다. 다채롭고 지루할 틈 없는 시골길은 아이들의 고된 여정에 쉼터가 되기도 하고 길동무가 되기도 한다. 이따금 나오는 개울물에 발을 담그는 아이도 있고 부모님께 보여드리겠다면서 이름 모를 들꽃이나 구름 사진을 찍는 아이도 있다.

자연 속에서 벌어지는 일들에 눈과 귀를 맡기고 걷다 보면 어느새 하루의 여정이 마무리되고 아이들은 숙소로 들어간다. 힘들게 걷고 나서 먹는 맛있는 저녁식사와 간식은 그야말로 꿀맛이다. 숙소에서는 안전 수칙을 제외하고는 별다른 제약 없이 자유롭게 영화도 보고 게임도 한다. 부모님들이 보내준 치킨과 피자로 야식까지 먹고 나면 누가 먼저랄 것도 없이 그대로 곯아떨어진다. 하루 종일 아무리 피곤하고 다리가 아팠어도 하룻밤 푹 자고 일어나면 그다음 날 거뜬하게 다시 길 위에 오를 수 있다.

힘들어도 포기할 수 없는 길

첫째아이의 동창 중에는 태어날 때부터 심장으로 통하는 혈관이

제 기능을 하지 못해서 성장시기마다 여러 번 수술을 해야 했던 친구가 있었다. 처음에 Y가 친구들과 국토순례에 참여한다고 했을 때 선생님들과 부모님은 고민이 되었다. 친구들과 함께 걷고 싶어 하는 Y의 마음을 마냥 모른 척할 수만은 없었기 때문에 결국 부모님이 의사와 상담을 한 후에 함께 국토순례 여행을 떠나기로 했다. 대신 무리해서 걷지 않기로 했고 언제든 몸이 힘들면 차량에 탑승하기로 했다.

그렇게 첫해의 국토순례 대장정은 시작되었다. Y가 함께 걷고 있는데 다른 친구들이 지원 차량에 타고 싶다는 말을 쉽게 할 수가 없었다. 각 반의 담임선생님 두 분은 전체 아이들을 인솔했고 교장선생님이 Y의 옆에서 천천히 걸었다. 곧 Y의 걸음 속도는 느려지고 친구들의 대열에서 한참이나 거리가 멀어져 보이지 않을 정도가 되었지만 교장선생님이 Y와 둘이서 이런저런 이야기를 나누며 걷고 있어서 속도는 중요하지 않았다. 또 중간중간 간격이 너무 멀어졌다 싶으면 지원 차량을 타고 친구들을 따라잡을 수도 있었다. Y가 다시 대열에 합류할 때마다 친구들은 매번 처음 본 것처럼 환영하며 기뻐했다.

둘째아이의 6학년 국토순례에는 강아지 한마리가 어떻게 알고 왔는지 아이들의 대열에 합류했다. 귀여운 시골 누렁이 녀석이 아이들과 보조를 맞춰서 5킬로미터 정도를 함께 걸었다. 딴에는 자기 동네에 놀러온 사람들을 가이드라도 하려고 했던 것인지 옆에서 걷는 귀여운 강아지를 보면서 아이들은 한참 동안 힘든 것도 잊어버리고 다들 강아지 이야기로 꽃을 피웠다. 너무 멀리까지 따라오다가 혹시라도 길을 잃으면 어쩌나 슬슬 걱정이 될 무렵 강아지도 더 이상은 자신의 영역이 아니었는지 뒤돌아 돌아갔다.

　아이들의 국토순례가 이토록 생생한 이유는 밴드에 선생님들이 올려주는 사진과 영상 덕분이다. 특히 국토순례 첫해에는 3일 동안 올라오는 밴드의 소식에 얼마나 집중했던지 마치 아이들과 같이 걷고 있는 듯한 착각이 들 정도였다. 사진 속 아이들의 얼굴은 햇빛에 붉어지고 머리카락은 땀으로 젖어 있었지만 눈빛과 표정은 어느 때보다 활기차고 또렷했다. 앞에서 뒤에서 걸으며 서로 힘들어하는 친구들을 응원하고 짐을 나누어 들어주는 모습을 보면서 마음이 뭉클해졌다. 밴드에 사진이 올라올 때마다 부모들의 댓글 응원이 줄을 이었다.

　한 달여 전부터 매일 걷기 훈련을 한다 해도 50킬로미터에 가까운 길을 배낭을 들고 줄곧 걷는 것은 보통 일이 아니다. 평발인 첫째 아이는 평상시에도 오래 걷는 것을 힘들어 했다. 조금만 걸어도 무릎이 아프다고 했기에 끝까지 완주할 수 있을지 걱정이 되었다. 직접 걷는 아이보다 집에서 기다리는 내가 오히려 더 긴장을 했다.

　2박 3일 대장정의 마지막 코스는 학교 앞 작은 광장이다. 학교에서 출발해서 다시 학교로 돌아오는 긴 국토순례 여정을 마치고 모두가 광장에 주저앉아 단체 사진을 찍었다. 사진 속에는 앞머리를 매만지는 여학생도 없고 시크하게 표정 관리를 하는 남학생도 없다. 모두가 땀과 피로에 찌든 모습이었지만 그 어떤 사진에서보다 멋지고 기특해 보였다.

집에 도착한 딸아이는 완주증부터 꺼내 보여주었다. 코팅된 작은 카드에는 "김** 47킬로미터"라고 적혀 있었다. 샤워를 하고 나온 아이의 발을 보니 여기저기 물집이 잡히고 엄지발가락 발톱이 까맣게 멍이 들어 있었다. 신발이 잘 안 맞았는지 평발 때문이었는지 고생한 흔적이 역력했다. 또 근육이 뭉친 종아리는 딱딱했고 얼굴은 까무잡잡했다. 그래도 얼굴에는 자신감이 서려 있었고 뿌듯한 미소를 짓고 있었다. 국토순례를 다녀온 며칠새 아이가 한 뼘 더 자란 것처럼 보였다.

어떤 일이든 처음의 경험만큼 우리에게 깊은 인상을 남기는 것은 없는 것 같다. 아이들의 첫 번째 국토순례는 나에게도 강렬한 기억으로 남아 있다. 아이들은 부모가 생각하는 것보다 훨씬 강하다는 것도 그때 알았다. 지난 10년 동안 두 아이는 해마다 국토순례의 길 위에 올랐다. 힘들어도 포기할 수 없는 길이라는 것을 아이들은 알고 있다. 나도 매년 그런 아이들의 모습과 함께 대범한 엄마의 모습이 되어갔다. 첫해의 조바심을 내던 모습은 온데간데없이 사라지고 한층 여유로운 마음으로 아이들의 여정을 바라볼 수 있었다.

내면의 강인함은 결코 편안한 환경 속에서 나오지 않는다. 혼자 걸으면 결코 끝까지 갈 수 없을 것 같은 길도 친구들과 함께 걸으면 마지막까지 걸을 수 있다는 것을 아이들은 온몸으로 배운다. 국토순례의 길은 말로 설명해주지 않아도 아이들이 직접 경험하고 느끼는 교육의 현장이다.

힘든 길을 왜 굳이 걸어서 돌아와야 하는지 이해하지 못했던 아이들이 한 해, 한 해 국토순례 경험이 쌓여가며 그 의미를 저절로 깨우친다. 아이들은 앞으로 인생의 많은 질문과 마주할 때마다 어릴 적 친구와 함께 걷던 길을 떠올릴 것이다. 그리고 그 길 위에 새겨진 이야기 속에서 질문의 답을 찾게 될 것이다.

아이에게 주는
평생의 선물,
독서 습관

책읽기는 전염성이 강하다

　나의 사춘기는 중학교 2학년 어느 날 갑자기 찾아왔다. 머릿속이 온통 빙빙 도는 것 같았고 이 세상의 모든 고민이 나에게 물밀듯이 밀려오는 것 같았다. 나는 알 수 없는 고민의 무게를 주체할 수 없었고 어디서부터 문제를 해결해야 하는지 문제가 무엇인지조차 분간할 수 없었다. 마치 마음속에 폭풍우의 비상사태가 일어나고 있는 것 같았다. 사춘기의 고뇌 앞에서 나는 길을 잃은 것 같았고 매순간 '나는 어디로 가야 하지?', '나는 잘 살고 있는 건가?' 이런 질문들을 나 자신에게 했다. 나름의 사춘기 개똥철학이 시작되었던 것 같다.

  담임선생님이 나를 불렀던 그날도 아침부터 내 인생에 대해 고민하고 있었다. 선생님은 나에게 별다른 말씀 없이 그냥 지금 잘하고 있고 지금처럼만 하면 된다고 했다. 캄캄한 터널과 같았던 내 마음에 선생님의 격려는 그 어떤 해답보다 명쾌하게 느껴졌다. 혼자만 끙끙 앓고 있던 고민을 선생님이 어떻게 아셨을지 놀랍기만 했다. 그날 이후로 나의 마음속 소용돌이는 차츰 잠잠해졌고 내 안에 존재하던 고민과 문제가 모두 해결된 것은 아니었지만 그전보다 훨씬 마음이 편안해졌다. 그날 이후로 나는 담임선생님의 완전한 팬이 되었다. 선생님이 좋아하는 책을 나도 좋아했고 선생님이 읽어보라고 추천해준 책은 어떻게 해서라도 찾아서 읽었다.

  당시 나는 담임선생님 과목인 국어시간을 항상 기다렸다. 나를 이해해주는 선생님한테 조금이라도 더 잘 보이고 싶은 마음에 가능한 한 열심히 책을 읽었다. 그 시기에 읽었던 헤르만 헤세의 『지와 사랑』, A.J. 크로닌의 『고독과 순결의 노래』와 같은 성장 소설을 비롯해 『어린 왕자』, 『꽃들에게 희망을』, 『나의 라임 오렌지 나무』, 『나는 선생님이 좋아요』, 『아낌없이 주는 나무』 등의 책들은 나의 감성에 무한한 양분이 되어주었다. 또한 폭풍우 같은 사춘기를 겪는 나에게 좋은 친구가 되어주었다.

  나의 십대 시절 책읽기는 많이 읽어야 된다는 욕심도 빨리 읽어야 한다는 조바심도 없는 책읽기였다. 그냥 책 속으로 깊이 빠져들어 주인공이 내가 되고 내가 주인공이 되었다. 책을 사랑하던 담임 선생님을 만난 덕분에 나는 책읽기의 기쁨과 행복을 배웠다. 우리 딸아이들이 성장하는 동안에 이런 책읽기의 즐거움을 알았으면 좋겠다. 어린 시절에 몸에 밴 독서습관이 평생의 선물이 된다는 것을 알기 때문이다.

독서력과 문장력이 무르익기까지

별무리학교는 책을 읽을 수 있는 환경이 조성되어 있다. 아침에 기숙사에서 나와 교실로 들어가자마자 아이들이 가장 먼저 하는 일이 아침독서였다. 하루 일과가 시작되기 전 30분 동안은 오로지 책과 독대하는 시간이다. 이른 아침인데도 대부분의 아이들은 책에 집중한다. 독서는 전염성이 강하다는 말처럼 담임선생님과 반 아이들이 누가 먼저랄 것 없이 순식간에 책 속으로 깊이 빠져든다. 이렇게 매일 아침 책으로 하루를 여는 생활을 몇 년간 꾸준히 해오면서 아이들의 독서량과 독서력이 향상되었다.

학교의 독서활동 중에는 '다니엘의 서재'라는 것이 있다. 다니엘의 서재는 중고등학생들을 위한 추천도서 목록을 5단계로 나누어 학생들 각자의 수준에 맞는 책을 골라 읽고 서평을 쓰는 학교의 대표적인 독서활동이다. 추천 도서 목록에 없는 책들도 판타지 무협

소설이나 만화책을 제외하고는 자유롭게 읽고 서평을 쓸 수 있었다. 책들은 학교 도서관에서 빌릴 수도 있었지만 나는 가능한 한 구입해서 읽혔다. 딸아이들이 읽는 책을 나도 함께 읽기 위해서였다.

아이들에게 특히 인기가 있는 책들이 있으면 학교에서는 저자 초청 강연회나 휴먼 라이브러리(특정한 경험과 지식을 가진 '사람책'을 초청하여 강연을 듣고 자유롭게 대화하고 질문하는 시간)를 진행하기도 했다.

학교에서는 졸업 때까지 공식적으로 기록해야 할 서평의 권수가 정해져 있었다. 중학생은 60권, 고등학생은 30권의 책을 읽고 서평을 기록해야 졸업이 가능하다. 3년 동안 천천히 나누어 쓰든 졸업 즈음에 한꺼번에 쓰든 크게 상관은 없지만 방학 때마다 일정량이 과제로 주어졌기 때문에 서평을 밀리는 학생은 많지 않았다. 아이들 대부분은 책을 읽는 것은 재미있어하면서도 서평을 쓰는 것은 부담스러워했다. 그럼에도 꾸준한 글쓰기 훈련을 받아온 아이들은 문장력도 좋아지고 자신감도 올라갔다.

상급학년으로 올라갈수록 거의 모든 수업에 필독서가 적어도 한두 권은 있었다. 인문고전, 과학, 철학, 예술, 문학 등 다양한 분야의 책이 교과서를 대신했다. 중학교 때부터 독서와 글쓰기 훈련을 꾸준히 받았던 아이들은 고등학생이 되면서 독서 수준이 상당히 높아졌다. 프로젝트 활동이나 멘토링 수업시간에도 책을 먼저 읽고 글을 쓰며 자신들의 생각을 확장시켰다.

둘째아이는 10학년 때 '본깨적 프로젝트'를 진행했다. 이 프로젝트에서는 『본깨적』이라는 책을 읽으면서 효율적인 독서의 방법에 대해 배우고 적용하며 독서 다이어리를 꾸준히 작성했다. 또 11학년 때는 심리에 관심이 높아져 교감선생님에게 멘토링 수업을 신청했고 자신이 직접 선정한 『공감은 지능이다』라는 책으로 한 쿼터 동안 선생님과 함께 읽고 대화하면서 '공감 지능'이라는 주제에 대해 깊이 있는 토론을 진행했다.

해마다 학교에서 열리는 '독서캠프'는 책과 함께 펼치는 축제의 시간이었다. 일주일에서 길게는 한 달 동안 캠프가 진행되는데 캠프 때마다 특별한 주제가 정해지고 주제에 맞는 다양한 독서활동을 한다. 독서는 많은 시간 책상 앞에 앉아 있어야 하는 지루하고 따분한 활동이 아니라 우리가 숨 쉬듯 자연스러운 일임을 아이들에게 가르쳐주기 위해 책에 흥미를 느낄 수 있는 여러 가지 활동을 계획한다.

보통 독서캠프라고 하면 딱딱한 이미지가 떠오르기도 하는데 아이들이 학교에서 했던 캠프는 신나고 즐거운 축제 같은 느낌이었다. 중고등학생들이 강당에서 웃고 뒹구는 캠프 사진을 보면 독서캠프인지 체육대회인지 언뜻 구분이 안 될 만큼 역동적이지만, 캠프가 끝날 때면 하나같이 책읽기에 대한 동기부여를 한가득 받는다.

일 년에 네 번 발행되는 학교잡지《BMR magazine》에는 고등학교 동아리 '별무리 북마크'의 친구들이 추천한 책을 싣고 있다. 이외에도 고등학생들이 졸업을 위해 소논문을 쓰거나 학술적 글쓰기를 할 때 수준 높은 결과물들을 낼 수 있는 이유도 중학교 때부터 자연스럽게 책과 친해질 수 있는 환경을 마련해주었기 때문이다.

아이들이 대안학교에서 공부하고 배우며 성장해온 과정은 한마디로 '독서와 글쓰기의 과정'이었다. 아이들이 책을 손에 드는 모습을 볼 때마다 나 또한 책을 가까이 하려고 노력했다. 가장 좋은 독서 교육은 부모가 늘 책을 읽는 모습을 보여주는 것이라는 사실을 항상 마음에 새기고 실천하려고 했다.

일본의 노벨문학상 수상 작가 오에 겐자부로는 저서 『읽는 인간』에서 어린 시절 책읽기의 중요성에 대해 강조했다. 어린 시절부터 자신의 인생을 빚어온 책들을 소개하면서 "인생의 모든 순간 책이 있었다."라고 말하는 노장의 인생 이야기는 읽을 때마다 감동을 준다. 오에 겐자부로는 독자들에게 평생을 함께할 고전을 젊은 시절에 발견해 두라고 조언한다. 우리 아이들이 중고등학교 시절에 그런 보물과 같은 인생의 책을 발견할 수만 있다면 그보다 더 좋은 일은 없을 것 같다. 책을 사랑하며 평생 책과 함께 살아가는 삶은 그 자체로 경이로운 삶이다.

너만의
나침반을 보면서
그래, 그렇게 가는 거야

아이들이 주도적으로 진행하는 장단기 프로젝트

별무리학교에는 매 쿼터마다 발행하는 잡지 《BMR magazine》가 있다. 잡지에는 아이들이 학교에서 생활하고 공부하는 내용이 주로 담겼고, 그 밖에 선생님과 부모님의 에세이나 칼럼, 부모와 자녀가 함께 읽으면 좋을 추천도서, 학교 행사에 대한 아이들의 소감문도 실렸다. 학교 소식을 한곳에 모아 알려주는 잡지는 늘 읽을거리가 풍성했다. 그중에서 특히 아이들의 프로젝트와 동아리 활동을 소개하는 기사를 흥미롭게 읽었는데, 창간호부터 최신호까지 창의력 넘치는 프로젝트와 동아리 활동이 다양하게 소개되어 있어서 그 자체로 학교의 훌륭한 히스토리였다.

딸아이들이 졸업 전에 모두 경험해보면 좋겠다는 생각이 들 만큼 멋진 프로젝트들이었다. 보통은 단기 프로젝트와 중장기 프로젝트로 나뉘는데 단기 프로젝트는 완성되기까지의 시간이 비교적 짧기 때문에 관심도에 따라 여러 가지를 다양하게 참여해볼 수 있다. 반면 장기 프로젝트는 1년 이상 혹은 고등학교 3년 내내 연구하고 결과물을 내야 해서 처음 시작할 때 자신의 적성과 관심사를 잘 맞춰 선택해야 한다.

그동안 별무리 고등학생들이 진행했던 프로젝트를 나열해보면, 환경 개선을 위한 마을 벽화 프로젝트, 시각 장애인 3D 명화 프로젝트, 월든 트리하우스 프로젝트, 네팔 선교를 위한 로뎀나무 프로젝트, 탈북 청소년들을 위한 눈길 프로젝트와 노래하는 바람개비, 스마트팜 프로젝트, 마을 카페 커뮤니티 활성화 프로젝트, 지역 시장을 홍보하는 메타버스 프로젝트, 역사 연구를 위한 MK 프로젝트, IT 프로젝트, 마을 어르신들의 이야기를 담아내는 이타적 자서전쓰기 프로젝트, 매점 협동조합 프로젝트, 유기견 프로젝트, 교내 공간디자인 루브르 프로젝트, 영어교재 만들기 E4U 프로젝트 등이다. 자신의 재능과 역량을 통해 지역사회에 도움이 되고자 하는 학생들의 열정들이 담겨 있는 프로젝트가 많았다.

프로젝트 학습에서는 우선 교사가 학생들에게 주변의 해결해야 될 문제점들을 찾고 해결방법을 모색하도록 지도한다. 아이들이 스스로 해결하고 싶은 문제점들을 발견하면 문제 해결에 이르기까지 전체 과정이 팀활동으로 진행되기 때문에 협업과 소통하는 방법을 자연스레 배우게 된다. 교내의 프로젝트 학습 활성화를 위해 학교의 교육연구소에서는 사전에 미리 프로젝트 교육과정을 구성하고 아이들이 마음껏 탐색하고 연구할 수 있는 학습의 장을 마련해준다. 금산군에서 추진하는 사업에 지원금을 신청하기도 하고 후원을 통해 프로젝트 지원금을 마련하기도 한다.

프로젝트 수업에서 선생님들은 지식 전달자가 아니라 프로젝트의 전반적 과정을 코칭하는 학습 디자이너나 프로듀서로서 아이들에게 학습의 방향을 제시해준다. 실제적인 학습의 내용을 만들어가는 주인공은 학생들이다.

별2되다 프로젝트

첫째아이가 고등학교 12학년 때 1년간 진행했던 '별2되다' 프로젝트는 잊지 못할 인상적인 프로젝트였다. 졸업을 앞둔 12학년 아이들이 학창시절의 소중한 추억을 기억하고 기념하기 위해 자신들의 이야기를 노래와 영상에 담고 졸업앨범도 제작하는 프로젝트였다. 장기간 프로젝트를 진행하다 보면 마음에 맞지 않는 친구와 의견 충돌이 있을 수도 있다. 그럴수록 서로의 역할 분담이 중요했고 맡은 역할에 대한 책임감도 필요했다. 소규모 인원이 진행하는 프로젝트에서도 마찬가지지만 장기 프로젝트 일수록 소통과 협업이 무엇보다 중요하다. 누구 한 명이라도 서로 마음이 맞지 않으면 끝까지 프로젝트를 완성하기가 쉽지 않기 때문에 2기 졸업생들이 일 년이라는 긴 시간동안 서로 조율해가며 완성한 작품은 감동 그 자체였다.

아이들은 우선 전체 학년을 3개의 팀으로 나누었고 각각의 팀에 팀장을 뽑았다. 음반 작업팀, 뮤직비디오 제작팀 그리고 졸업앨범 제작팀이었다. 음반 작업팀에서는 직접 작사 작곡을 하고 〈별들에게〉라는 노래를 만들었다. 음반 제작팀의 목표는 음원을 프로듀싱해서 저작권협회에 등록하고 음원사이트에 판매까지 하는 것이었다. 음반 제작팀 아이들이 직접 만든 노래가 네이버 뮤직이나 멜론 등에서 스트리밍되기까지 그 모든 과정을 직접 발로 뛰며 진행했다.

한 곡의 노래라고 하더라도 음반 제작에 드는 비용은 만만치 않았다. MR 작업과 미디 작업을 위해 전문가와 녹음실을 찾았다. 아이들은 주변의 인맥을 총동원해서 당시 Mnet에서 방영하는 〈너의 목소리가 보여〉라는 프로그램의 음악감독을 섭외했다. 녹음실에서 녹음과 믹싱, 마스터링 등을 통해 프로듀싱을 진행하느라 금산과 서울을 몇 차례나 오가야 했다.

악기 연주를 하고 녹음해서 믹싱하는 것도 모두 아이들 스스로 했다. 그렇게 제작된 디지털 싱글 음반은 저작권 협회로 보냈고 감격스럽게도 음원 저작권협회에 저작권자 이름을 올리게 되었다. 지금도 음원사이트에서 〈별들에게〉라는 노래를 찾으면 언제든 스트리밍해서 들을 수 있다.

이렇게 만들어진 노래는 뮤직비디오 제작팀 아이들에 의해 화려하게 재탄생했다. 뮤직비디오 제작팀은 촬영감독과 스태프 그리고 뮤직비디오에서 직접 연기를 하는 주인공으로 역할이 나뉘었다. 뮤직비디오에는 12학년 전체 아이들이 함께 노래 부르는 모습과 아이들의 일상도 영상으로 실렸다. 〈별들에게〉 뮤직비디오는 유튜브에서 찾아볼 수 있는데 아이들이 주도적으로 배움을 향해 도전하는 과정이 고스란히 담겨 있어 감동적이다.

마지막으로 졸업앨범 제작팀은 사진 촬영팀과 졸업앨범 디자인팀으로 나뉘었다. 촬영팀 아이들은 카메라를 늘 손에 들고 다니면서 6년 가까이 함께 지내온 친구들의 일상 속 자연스러운 모습을 시시각각 카메라에 담았다. 사진 속에 담긴 그 모습은 어느 전문 사진가의 작품보다 훨씬 더 생동감 있었다. 이렇게 만들어진 다양한 사진과 영상은 디자인팀으로 보내졌다. 디자인에 관심이 있는 아이들은 어도비 프로그램 등을 이용해 편집을 했고 세상에 하나 밖에 없는 특별한 스토리의 졸업앨범을 만들었다.

완성된 졸업앨범에는 페이지마다 아이들의 즐거운 학창시절 장면이 가득했다. 누구도 자신의 사진이 담긴 앨범의 페이지에 특별한 애정을 느끼지 않는 학생은 없었다. 틀에 박히고 정형화된 단체사진이나 개인 증명사진이 나열된 기존의 졸업앨범과는 완전히 달랐다. 마치 한 권의 특별한 예술작품처럼 느껴졌다.

2기 졸업생들의 소통, 협업, 공감의 프로젝트인 '별2되다'는 지금까지도 후배들에게 적지 않은 영향을 주고 있다. 졸업식 날 아이들은 졸업 가운을 입고 자신들이 만든 뮤직비디오 영상에 맞추어 함께 노래를 불렀다. 다른 말이 필요 없었다. 모두가 뜨거운 감동으로 함께 울고 웃었다. 졸업식 현장에서 아이들은 자신들이 그동안 즐겁게 배우고 성장해온 시간들을 떠올리며 많은 생각을 했을 것이다.

'별2되다' 프로젝트에서 음반 팀장을 맡았던 첫째아이는 지금 대학에서 음악을 전공하고 있다. 뮤직비디오 영상 팀장을 맡았던 친구는 대학에서 영상 디자인을 전공하고 있다. 학교는 배움이 삶으로 연결되는 교육이 이루어져야 하는 곳임을 다시 한번 가슴 깊이 새긴 경험이었다.

〈별들에게〉

작사 작곡 김예린 안지인

세상 속에 살아가는 너에게
꿈꾸던 것들이 얼마나 이뤄졌을까
정해진 길을 따라가는 사람들 속에
이 노래를 듣는 네가 지쳐있진 않을까
나 혼자만 멈춰있는 것 같아 외로울 때
아니 언제라도 다시 볼 수 있다면
그리울 거야 그 시간 속의 우리
오늘이 지나면 소중해질 일상들
하나둘 모여 밝게 빛났던 날도
하루하루 밤하늘에 꿈을 그리던 날도
행복했어 우리 함께해서
저 하늘 위에 꿈을 수놓을 수 있어서
행복하자 어두운 밤이 되어도
네 마음속 작은 별이

너의 길을 비춰줄 거야

그리울 거야 그 시간 속의 우리

오늘이 (오늘이) 지나면 (지나면)

소중해질 일상들

하나둘 모여 밝게 빛났던 날도

하루하루 밤하늘에 꿈을 그리던 날도

행복했어 우리 함께해서

저 하늘 위에 꿈을 수놓을 수 있어서

행복하자 어두운 밤이 되어도

네 마음속 작은 별이

너의 길을 비춰줄 거야

우리 내일이면 다른 곳에 있겠지

익숙한 이곳을 떠나

더 넓은 세상으로

너를 믿어 네가 수놓은 별을

마침내 네가 찾아냈던 그 꿈을

너를 믿어 잘 해왔으니까

너만의 나침반을 보며

그래 그렇게 가는 거야

너만의 나침반을 보며

그래 그렇게 가는 거야

아이들이 손수 지은
나무 위의 집,
월든 트리하우스

책 속의 풍경을 눈앞에 펼치다

　두 아이들을 산골 마을 대안학교에 보낸 이후 자연스레 별무리학교가 있는 마을공동체에 관심이 생겼다. 바람직한 교육과 삶이라는 두 가지 인생철학을 지키며 교육공동체를 이루어 살아가는 교사들에 깊은 감명을 받았다. 동시에 도심을 떠나 한적한 시골 마을에서 영위하는 소박하고 단순한 전원생활에 대한 동경을 품기도 했다.
　마을공동체에 사는 교사들의 일상을 보면 헨리 데이비드 소로의 『월든』이 떠오른다. 자연과 하나 되는 삶을 예술적 문체와 철학으로 승화시킨 『월든』은 전원생활을 동경하는 사람들뿐만 아니라 도심 한가운데 살아가는 사람들에게도 삶에 대한 깊이 있는 통찰을 주는 불멸의 고전이다. 이 책을 읽으면 따뜻한 온기와 생동감 넘치는 빛을 전해주는 벽난로 옆에 앉아 있는 듯 마음 깊은 곳 잊고 있던 자연에 대한 향수가 되살아난다.

그런데 그런 생각을 한 것은 나뿐만이 아니었던 것 같다. 별무리학교의 고등학생들이 진행한 장기 프로젝트 중에 '월든 트리하우스'라는 프로젝트가 있다. 『월든』을 감명 깊게 읽은 아이들이 실제로 마을에 트리하우스를 짓는 프로젝트이다. 4기 학생들을 중심으로 구성된 이 프로젝트는 『월든』을 깊이 읽고 저자의 감성을 마음에 익히는 것부터 시작했다. 아이들은 학교에서 목공을 가르쳐주는 선생님의 지도를 받아 트리하우스 설계하고, 필요한 재료들을 하나둘씩 모아갔다. 그다음에는 집을 지어 올려도 될 만큼 오래되고 큰 나무를 골라 가지들 사이로 평상의 기본 골조를 만들었다. 여러 명이 올라가도 끄떡없는 튼튼한 집을 만들기 위해 방부목에 오일스테인까지 직접 손으로 발랐다.

평상이 완성된 후에는 트리하우스의 기본 골조 구성이다. 나무 위의 집에는 울타리가 하나씩 세워졌고 땅에서부터 나무 위의 집까지 연결되는 계단이 만들어졌다. 벽이 완성되기 전 문과 창문을 미리 내고 보수작업도 진행했다. 선생님의 꼼꼼한 지도를 받으면서 튼튼한 집의 기본 구조가 완성되었다. 그다음으로는 벽과 지붕을 얹고

트리하우스 전체에 얇은 스티로폼과 비닐을 이용해 단열재를 붙였다. 마지막으로는 합판으로 지붕을 덮었고 전기 공사와 예쁜 인테리어까지 아이들 손으로 직접 완성했다.

월든 트리하우스의 인기는 대단했다. 학생들뿐만 아니라 학교를 방문하는 학부모들에게도 명소로 자리 잡았다. 프로젝트의 빌더(builder)들은 다시 2차 트리하우스를 건축할 계획 중에 있다. 건축과 목공 및 도시 설계에 관심이 많은 학생들에게 트리하우스는 정말 신나는 배움의 현장이 되어주었다. 소설 속에서나 만화영화 속에서만 봤던 나무 위의 집을 눈앞의 현실로 이루어낸 과정은 아이들에게 결코 잊을 수 없는 경험이었을 것이다. 배움이 얼마나 신나고 즐거운 일인지를 몸소 깨닫는 것이 가장 큰 배움 그 자체일 것이다.

아이들이 이룬 것은 트리하우스뿐만이 아니다

일 년간 프로젝트 팀장을 맡았던 준서는 지금 대학에서 도시 공간 디자인을 전공하고 있다. 월든 트리하우스 프로젝트는 지금도 계속해서 후배들이 이어가고 있다. 처음에는 재미를 위해 프로젝트에 참여했던 아이들도 점차 집 짓는 일에 진지해진다. 프로젝트 초반에는 아이들조차 '아마존 같은 밀림이 아닌데 과연 나무 위의 집이 가능할까?'라는 의구심을 품었다고 한다. 그런데 꿈만 같던 나무 위의 집은 보란 듯이 15평의 멋진 공간으로 완성됐다. 책 속의 풍경을 눈앞의 현실로 이루어낸 것이다.

아이들은 함께 집을 지으면서 의사소통을 배웠고 협력의 중요성을 깨달았다. 목공에 필요한 기본적인 지식들을 배우는 것 이상의 가치 있는 무언가를 스스로 찾고 배웠다. 어떤 친구들은 집을 짓는 과정 중에 보다 더 심화된 목공 멘토링 수업을 개설해서 건축과 집 짓기에 대해 깊이 있게 공부하기도 했다. 월든 프로젝트에 참여한 아이들은 저마다 "이건 나를 위한 프로젝트다.", "쌤! 이거 제가 해본 프로젝트 중에 진짜 최고에요."라는 말로 자신들의 열정을 표현했다. 도전하는 용기와 함께하는 즐거움이 어떤 것인지를 월든 프로젝트를 하는 친구들은 몸소 체험했다.

이따금 학부모나 방문객들이 학교가 있는 산골 마을에 들어서면 커다란 나무위의 집이 위용을 뽐내며 사람들을 맞이한다. 그것은 아이들의 꿈이 이루어지는 현장이자 배움의 열정이 가득한 곳에서만 느껴지는 특별함이다. 자유로운 학습 환경이 주는 다채롭고 생생한 배움의 현장에서는 아이들 속에 잠재된 창의성이 언제든 마음껏 표출되었다.

부모세대의 학창시절과는 판이하게 다른 대안학교 아이들의 학교생활을 들여다보는 일은 학부모로서 여간 즐거운 일이 아니었다. 부모들은 때로 경탄을 자아내기도 했고 아이들이 다니는 학교를 부러워하기도 했다. 『월든』을 읽으며 그런 삶을 동경하는 것에서 그치는 어른들과는 달리 아이들은 실패를 두려워하지 않고 소로의 삶을 직접 경험해보기로 마음먹고 도전했다. 이 아이들에게 학교란 배움의 기회가 언제든 열려 있는 공간이었다.

　공립학교 교육을 뒤로하고 외진 시골마을 대안학교에 아이들을 보내기 시작했을 때 조화로운 삶과 교육에 대해 스스로에게 많은 질문을 던졌다. 그리고 지금까지 아이들이 성장해온 10년의 시간 동안 내 자신에게 던졌던 질문에 답을 찾기 위해 노력해왔다. 남들이 잘 가지 않는 길 누군가가 먼저 밟지 않은 길을 걷는 것은 언제나 많은 질문과 답을 스스로 찾아야 하는 과정이었지만 그만큼 아이들이나 부모들에게 모든 기회는 열려 있었다. 매일 새롭게 창조되는 자연의 경이로움을 마음껏 누리며 그 안에서 배우고 성장해 가는 아이들을 볼때마다 입시에 대한 욕심을 내려놓고 아이들을 대안학교에 보내길 정말 잘했다는 생각을 많이 했다.

　대안학교에서 배움을 시작한 지도 어느덧 10년이라는 시간이 흘렀고 이제는 두 딸아이도 제법 성장했다. 이 아이들이 그동안 학교 교육을 통해 배운 소중한 지혜는 배움의 열정과 도전하는 삶의 가치이다. 마음에 열정이 있는 아이들은 배움의 과정 중에 조바심을 내지 않아도 된다는 사실을 알고 있다. 배움의 기회는 자신이 언제든 찾아가는 것이고 더 넓은 시야와 마음의 여유를 가지고 충분히 고민하는 시간도 의미 있는 과정임을 또한 잘 알고 있다.

　부모가 자녀교육의 기준을 올바로 세우고 지키는 것은 중요한 일이다. 그러나 그보다 더 중요한 것은 부모의 조바심을 내려놓는 일이다. 청소년기의 아이들을 양육하면서 내가 찾은 답은 생각보다 단순하고 소박한 삶의 이치였다. 교육의 길은 다양한 사람들의 삶의 모습처럼 한 가지 길만 존재하는 것은 아니라는 사실과 타인의 기준에 맞추기 위해 애쓸 필요 없이 자신의 아이의 속도와 리듬에 맞추어 가도록 하는 것 그것이야말로 조화로운 삶을 이루어가는 교육의 참의미가 된다는 사실이다.

열다섯 살 아이들은 왜 인도로 향했나

낯선 인도땅에서 보내는 8개월

8학년의 겨울방학을 맞은 아이들은 출국 준비로 여념이 없다. 방학이 끝나는 대로 이동수업을 위해 인도로 출국하기 때문이다. 9학년이 되면 아이들은 남인도에 있는 뱅갈루루에서 8개월 동안 어학연수와 문화탐방을 한다. 아이들은 그곳에서 지내면서 낯선 문화를 직접 경험하고 시야를 넓히고 도전의식도 배운다.

9학년 학생 40여 명과 교사 5~6명이 함께하는 이동수업이고, 인도 현지 어학원에도 교사들이 있어서 혼자 가는 어학연수보다는 마음이 놓이지만 한편으로는 8개월 동안 아이와 떨어져서 지낼 생각에 마음이 편치만은 않았다. 이미 인도로 이동수업을 보내본 부모들은 그 기간을 '군대'라고 표현하기도 한다. 아이들이 인도 이동수업 전과 후로 구분될 만큼 많이 성장하기 때문이다. 인도 수업 이후에 사춘기도 끝나 의젓해지고, 마치 군대를 전역한 것처럼 홀가분한 기분과 묘한 자부심까지 느낀다는 것이다.

첫째아이의 출국일이 가까워질수록 마음속에는 기대감과 걱정이 공존했다. 이동수업의 의미를 생각하면 기대감이 커지다가도 그곳이 먼 인도땅이라는 것 때문에 또다시 걱정이 되었다. 선배 아이들이 앞서 이동수업을 무사히 잘 마치고 오기는 했지만 막상 우리 아이가 인도에 간다는 생각을 하니 처음 기숙학교에 보내던 심정과는 비교할 바가 아니었다. 난생처음 장기간 해외로 유학을 가는 아이는 오히려 편안해 보였고 걱정하는 나를 안심시키기까지 했다.

비자와 모든 서류 절차를 마무리하고 준비물들을 꼼꼼하게 챙겼다. 기본적인 준비물 이외에도 유산균, 치실, 각종 영양제, 신라면, 두루마리 휴지, 샴푸, 비누, 화장품, 튜브고추장, 참치캔, 간장, 김, 일 년 치 샤프심, 볼펜 지우개 등등 한국에서는 잘 쓰지도 않는 물건들까지 혹시나 하는 마음에 가방에 넣었고 결국 비행기 수화물 무게가 초과해버렸다. 어쩔 수 없이 기내에 들고 갈 수 있는 백팩과 작은 캐리어까지 동원해 나머지 짐들을 넣고 바이올린과 기타를 챙겨 공항에 도착했다.

아침 일찍 도착한 인천공항에 9학년 친구들과 부모들이 모였다. 개교 이래 두 번째로 인도 이동수업을 떠나는 아이들을 배웅하려고 많은 사람이 나왔다. 따뜻한 응원과 환송회가 끝나고 아이들이 부모님께 큰 절을 했다. 울컥하는 마음을 겨우 추스르고 출국 게이트로 향하는 아이에게 손을 흔들어주었다. 탑승 게이트가 열리기를 기다리며 줄을 서 있는 아이들 옆으로 가족들이 최대한 가까이 붙어있었다. 아이를 안아주고 사진도 찍어주고 이런 저런 당부도 하는 풍경 속에서 갑자기 남자아이 울음소리가 들렸다. 출국하는 누나를 꼭 끌어안고 대성통곡하는 남동생 때문에 온가족이 눈물바다가 되었다. 겨우 눈물을 삼키던 나도 다른 가족들도 한꺼번에 눈물이 터지고 말았다. 생이별이 따로 없었다. 여기저기 훌쩍거리는 소리가 들렸고 아이들이 게이트를 빠져나갈 때까지 이별의 눈물 파티는 계속되었다.

정오를 넘어 출발한 비행기는 7시간 이상을 날아서 싱가포르 국제공항에 도착했다. 싱가포르를 경유에서 인도에 도착한 아이들은 가장 먼저 플래카드를 들고 단체사진을 찍었다. 밴드에 소식이 올라오기만을 기다리던 나는 사진 속 아이들의 웃는 모습을 보면서 한 번 더 눈물을 쏟았다.

남인도 뱅갈루루의 어학원에 도착한 아이들은 처음 며칠 동안 숙소에서 여독과 긴장을 풀면서 비교적 자유로운 시간을 보냈다. 그런데 한국에서 엄마를 위로할 정도로 의젓한 딸아이에게 갑자기 분리

불안이 찾아왔다. 다시는 한국땅으로 돌아갈 수 없을 것 같다는 불안한 생각이 든다며 아이는 자주 울었다. 향수병이 시작된 것이었다. 딸아이는 가족에 대한 그리움 때문에 밤에 잠을 이루지 못했고 낮에 꾸벅꾸벅 조는 날이 많아졌다. 설상가상으로 어학원 숙소 주변 거리의 개들은 밤새 짖어댔다. 생활관 창문과 천정에 붙은 모기떼는 밤이고 낮이고 아이들을 괴롭혔고 기질적으로도 예민한 딸아이가 향수병 때문에 잠 못 드는 밤이 길어질수록 애가 타들어갔다. 가까운 거리에 있으면 집에 데려와 며칠 쉬게라도 했을 텐데 그때만큼 부모로서 무력감을 느꼈던 때도 없었던 것 같다.

결국 담당 선생님이 아이를 병원에 데려가 검사를 해보기로 했다. 진단명은 역시 향수병이었다. 집을 그리워하며 매일 저녁 불면증으로 잠을 못 자는 아이를 위해 유일하게 내가 할 수 있는 일은 아이에게 매일 편지를 쓰는 일이었다. 인도로 보내는 손편지는 도착 확률이 낮기 때문에 이메일로 편지를 쓸 수밖에 없었다. 게다가 인도의 와이파이 환경이 열악해서 개인 노트북을 사용할 수 없었기 때문에 선생님 메일 계정으로 딸아이에게 편지를 보냈다. 선생님은 하루도 빠짐없이 날아오는 편지를 출력해서 아이에게 보여주었다. 일주일에 한 번 휴대폰을 받는 날에는 아이와 30분 동안 영상통화를 했다.

딸아이는 매일 도착하는 나의 편지를 읽으면서 조금씩 회복되고 안정을 찾아갔다. 인도에 도착한 지 두 달쯤 지나자 아이의 향수병은 완전히 회복되었고 그때부터는 인도의 생활을 즐기기 시작했다. 어학원 생활에 익숙해지면서 열어보지 않는 이메일 편지가 쌓이는 때도 많았다. 밝게 회복된 아이를 보며 선생님도 한 번에 여러 장의 편지를 출력해 전달해주었고 아이도 나의 편지를 밀린 신문 보듯 한꺼번에 쓱 훑어 읽었다.

시간은 생각보다 빠르게 지나갔다. 아이는 자신의 삶에 작지 않은 도전을 넘어 단단한 모습으로 바뀌어가고 있었다. 하루는 영상통화를 하는데 아이 얼굴이 멍게처럼 울긋불긋 부풀어 올라 있었다. 깜짝 놀라서 이유를 물어보니 망고 알레르기라고 했다. 망고씨 부분의 과육을 잘못 먹으면 간혹 알레르기가 생길 수 있고 당분간은 망고를 먹지 말아야 하는데 망고를 눈앞에 두고 먹지 못하는 것이 가장 큰 고민이라는 아이의 말에 웃음만 나왔다.

인도는 맛있는 망고가 넘쳐나는 나라이다. 큼지막한 애플망고를 말만 잘하면 1달러에 다섯 개도 살 수 있다. 휴일에는 친구들과 가까운 망고농장이나 식료품가게에 가서 신선한 망고와 다양한 열대과일을 사와서 냉장고에 넣어두고 실컷 먹었다. 여름에 망고비가 내리고 나면 바구니 가득 망고를 들고 나온 길거리 상인들에게서 양손가득 망고를 사왔고 단물이 뚝뚝 떨어지는 노란 망고를 주말 내내 실컷 먹으면서 세상 부러울 것 없는 시간을 보냈다. 망고뿐만 아니라 설탕을 뿌려 놓은 것 같이 달달한 수박과 사탕 맛이 나는 청포도 그리고 신선한 각종 열대과일들도 먹고 싶은 만큼 실컷 먹을 수 있었다.

　어학원에는 인도의 원어민 교사들이 있었다. 인도는 교사를 비롯한 전문직 종사자들 대부분이 부유층들이다. 인도의 카스트제도가 사라진 지 오래라고는 하지만 아직도 그들의 생활 곳곳에 빈부와 계층의 격차가 크게 벌어져 있다. 의식주를 비롯한 모든 삶의 영역에서 그 격차는 두드러진다. 한번은 어학원의 원어민 선생님 중 한 분의 결혼식이 있었다. 영화에서나 볼 수 있을 법한 힌두의 전통 결혼식이었다. 화려하고 이색적인 힌두 전통 결혼식은 아이들에게 새롭고 특별한 경험이 되었다.

　외국 생활을 하는 동안 먹는 음식에 대한 이슈가 빠질 수 없다. 우리와 동떨어진 식문화를 가진 나라일수록 음식에 적응해야 하고 8개월간 인도음식을 먹어야 아이들에게도 마찬가지였다. 어학원 식당의 셰프들은 주로 네팔인이었는데 다행히도 김치를 비롯한 한식요리를 곧잘 했다. 탄두리 치킨이나 커리처럼 아이들이 거부감 없이 먹을 수 있는 인도 음식도 자주 나왔지만 거의 모든 식단이 한식으로 구성되어 있었다. 모든 음식에 인도 특유의 향신료 냄새가 배어 있기는 했어도 어학원의 음식은 대체로 만족도가 높았다. 선생님 중 한 분이 매 끼니때마다 자신의 식판에 담아온 음식 사진을 맛깔스럽게 찍어서 밴드에 올려주었는데 다채로운 인도의 음식사진을 보는 재미도 있었고 무엇보다 아이들이 무슨 음식을 먹고 지내는지 사진으로 볼 수 있어서 부모들에게 특히 인기가 아주 좋았다.

인도하면 빼놓을 수 없는 것 중에 하나가 바로 영화산업이다. 미국에 할리우드가 있다면 인도에는 발리우드가 있다. 인도인들처럼 영화를 좋아하고 많이 만드는 나라도 없다. 다민족 국가인 인도는 서로 다른 언어로 영화가 제작되기도 하고 매년 천 편 이상의 개봉 영화가 제작된다고 한다. 영화제작이 보편화되어 있다 보니 특별히 전문 영화감독이 아니더라도 자신의 취향에 따라 독립영화를 제작하는 사람도 많다.

딸아이가 지내던 어학원 근처에는 인도의 한 부자가 사는 집이 있었다. 집이 얼마나 큰지 그 내부가 그대로 종종 영화 촬영장이 되었다. 하루는 그 집 주인이 어학원에서 지내는 한국의 아이들을 자신의 집으로 초대했다. 그날 영화촬영이 있는 날이었는데 우리 아이들을 카메오로 출연시키고 싶다고 했다. 으리으리한 인도의 부잣집 구경도 하고 영화에 출연도 했던 그날의 어학원 분위기는 축제처럼 들떴다. 밴드에 올라온 사진들을 보면서 부모들도 덩달아 즐거운 날이었다.

인도에는 이렇게 집에서 영화촬영을 할 만큼 엄청난 부자들도 있지만 부유한 대저택에서 한 블록만 지나도 거리에 앉아서 손을 벌리고 구걸하는 아이들을 볼 수 있다. 어학원의 한국 아이들이 한 달에 한 번 생필품을 사기 위해 뱅갈루루 시내의 거리를 지나게 되는데 그때마다 거리의 아이들이 구걸하는 모습이 보인다. 눈앞에 자연스럽게 펼쳐져 있는 극심한 빈부의 격차를 보면서 우리 아이들이 어떤 생각을 했을지 궁금하다.

왜 어떤 사람들은 차고에 차가 넘쳐나는데 거리의 아이들은 먹을 것조차 없는지 궁금해하는 아이들도 있었을 테고 그런 모습조차 인도의 문화로 단순하게 받아들이는 아이들도 있었을 것이다. 모든 아이들이 철학적이고 인류애적인 생각을 당장 품게 된 것은 아닐지라도 세상에는 자신들이 아는 것보다 훨씬 더 많은 일이 일어나고 있음을 눈으로 직접 보면서 다양한 생각의 씨앗들이 아이들의 마음에 심겼을 것이다.

어학원에서 아이들은 영어와 수학 같은 교과목 학습도 열심히 공부했지만 지역의 중고등학교와 자매결연 하고 문화를 교류하는 일도 많았다. 그중에서도 쉐마스쿨이라는 중고등학교에 정기적으로 방문하곤 했는데 그곳에 가는 날에는 아이들이 춤과 연극을 준비했고 인도의 또래 아이들과 함께 노래도 했다. 인도의 중학생들 또한 화려한 전통 춤을 보여주었고 아이들은 하루 온종일 게임도 하고 먹을 것도 나눠 먹으면서 즐거운 시간을 보냈다. 몇 차례 방문하는 동안 두 나라의 아이들은 깊은 우정을 쌓았고 귀국 이후에도 계속해서 연락을 주고받는 아이가 많았다.

아이들이 머물던 남인도의 뱅갈루루에는 Christ University라는 인도의 명문대학이 있다. 아이들은 그곳 캠퍼스를 탐방했는데 인도의 대학교 문화 역시 우리와는 사뭇 다른 모습이었다. 대학 교정에 들어서자마자 눈길을 사로잡은 풍경은 교복 입은 대학생들의 모습이었다. 인도에서는 대학생들이 우리나라의 고등학생들처럼 교복을 입고 아침 9시부터 5시까지 종소리에 맞춰 쉬지 않고 수업을 듣는다. 한국의 대학생의 자유로운 분위기와는 상반되는 문화이다. 또 우리나라의 대학과 달리 기본적으로 세 가지의 전공을 해야 하기 때문에 인도 대학생들의 공부량은 엄청나다.

Christ University는 특히 경영학부와 IT 계열의 전공학부가 유명하고 인도 전체에서는 다섯 손가락 안에 드는 대학이다. 딸아이의 선배 한 명도 인도 이동수업 중 방문했던 것을 계기로 그 대학에 진학해 졸업했다.

하루하루 다채로운 인도에서의 시간이 어느덧 절반가량 지나갈 무렵 중간고사를 마치고 남인도로 여행을 떠났다. 남인도 여행에서는 우띠지역의 호랑이 보호구역을 방문하고 Jeep 사파리, 보타니칼 가든, 헤브론 국제학교 그리고 녹차 초콜렛 공장 등을 견학했다. 그 중에서도 마이소르 동물원과 궁전의 모습은 사진으로 담을 수 없을 정도로 너무나 아름다웠다. 유명 관광지를 방문하고 맛있는 것도 사먹고 마음껏 사진도 찍는 동안 평소 어학원의 빡빡한 학습일정으로 위축되었던 마음이 활짝 기지개를 켰다. 호텔에서는 어학원에서 누릴 수 없었던 와이파이의 축복도 누렸고 현지의 기념품 가게에서는 그동안 배운 영어 실력으로 신나게 쇼핑도 했다.

이동수업이 마무리되는 8개월 차에 접어들면 기말고사까지 끝낸 아이들은 귀국 전에 마지막으로 북인도로 여행을 떠났다. 남인도에 위치한 뱅갈루루에서 북인도의 델리공항까지는 비행기로 2시간 40분 정도 걸리는 거리이다. 전 세계에서 타지마할을 보기 위해 수많은 사람이 모여드는 뉴델리에서는 시내 관광과 National Museum 그리고 간디 박물관등을 견학했다. 아름다운 타지마할 궁전을 최대한 대칭을 맞추어 사진을 찍었고 누구 사진이 더 완벽한 대칭을 이루는지 비교해보기도 했다. 이 두 번의 여행이 마무리되고 나면 곧바로 귀국 카운트다운이 시작되었다. 아이들의 카운트다운 영상을 매일 보면서 곧 재회하게 될 가족들은 기대감으로 부풀었다.

8개월 만의 귀국 그리고 마음이 성장한 아이

부모에게는 그 8개월이 기대감과 걱정이 공존하는 시간이었지만 아이들에게는 살아있는 배움터와 그 속에서 만나는 다양한 도전들을 부모의 도움 없이 오롯이 스스로 해결해나가는 시간이었다.

인도에서 지내던 시간이 늘 즐거웠던 것은 아니다. 호기심을 가지고 새로운 환경을 큰 어려움 없이 받아들이는 아이들이 있는가 하면 같은 환경 속에 있더라도 어떤 아이들에게는 쉽지 않은 시간이었다. 딸아이처럼 처음 인도에 도착하자마자 힘들어했던 아이도 있었고 시간이 흐를수록 버거워하는 아이도 있었다.

열다섯 남짓한 아이들이 스스로 고군분투해나가는 모습을 지켜보는 것은 부모로서 쉽지 않은 일이었다. 아이들이 실패와 실망을 경험하는 과정은 한편으로는 매우 가치 있는 것이었다. 하지만 부모의 보호막을 물리적으로 떠나 외국의 낯선 환경에 놓인 아이들은 작은 어려움조차 커다란 무게감으로 느끼곤 했다. 자녀들이 고난의 터널을 지나는 동안 부모에게도 고스란히 아이의 마음이 전해졌다.

내면이 강한 아이로 성장하기를 바라는 부모의 마음은 누구나 마찬가지이겠지만 자립심이나 책임의식과 같은 인생의 가치로운 배움을 얻어가는 과정은 겉보기에는 실패의 경험 그 자체였다. 아직은 부모의 품이 그리운 중학생 아이들이 인도에서 8개월간 생활한다는 것은 결코 평범한 일은 아니었다.

아이 둘을 인도에 보냈던 시기에 나는 아이들의 양육과정 중 그 어느 때보다 낮아지고 겸손해졌다. 내가 원하는 방향대로 아이들을 이끌어갈 수도, 직접적인 도움의 손길을 내밀 수도 없는 환경 속에서 아이가 수없이 넘어지는 과정을 그냥 지켜보는 수밖에 없었다. 아이가 불안증과 향수병으로 힘들어하던 당시에는 상황을 관조적으로 볼 만큼의 여유도 없었지만 몇 년이 흐른 지금에 와서 성장한 아이들의 모습을 보면 아이도 나도 잘 이겨내왔다고 생각한다.

아이가 청소년기에 실패하고 실망하고 넘어지는 모습이 어릴 때의 걸음마 연습을 하던 모습과 크게 다르지 않다고 생각하면 아이도 엄마도 청소년 시기의 터널을 조금은 수월하게 지나갈 수 있을 것 같다. 아기가 걸음마를 배우며 수없이 엉덩방아를 찧듯 청소년기 아이들은 마음으로 수백 번도 더 주저앉고 다시 일어서기를 반복한다.

겉으로 보기에는 큰 어려움이 없어 보여도 사춘기 아이들은 낯선 이국땅에서의 경험을 저마다 다른 무게와 색깔로 받아들였다. 감성적이고 때로는 예민한 딸아이가 한국에 돌아왔을 때 필통 안에 손바닥만 한 달력이 들어 있었다. 깨알 같은 날짜 위에 X표시를 하면서 하루하루 숫자를 센 쪽지를 보는 순간 울컥했다. 중간에 포기하지 않고 끝까지 버티며 내면의 힘을 찾고자 했던 그 인내의 시간들이 고스란히 달력위에 묻어났다. 그 기간은 아이에게 온전한 자신과의 싸움이자 훈련의 시간이었다.

결코 쉽지 않은 8개월의 시간이었지만 지금은 그런 시기가 있었음에 우리 가족 모두 감사하고 있다. 그 이후로도 계속해서 성장해가고 있는 딸아이들의 모습을 볼 때마다 그 시간이 더욱 귀하게 여겨지고 안타까움에 눈물 짓던 추억을 새록새록 떠올리며 미소 짓는

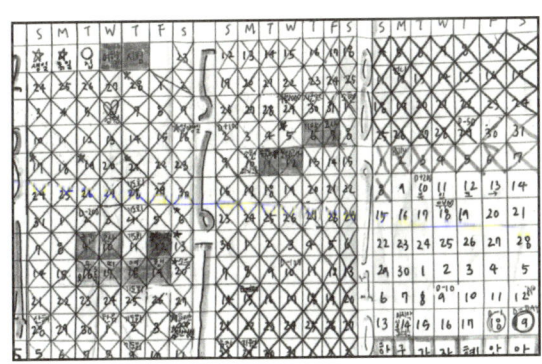

둘째아이 필통에 들어 있던 쪽지

다. 큰아이가 언젠가 나에게 이런 말을 했다.

"엄마, 인도 있을 때는 너무 힘들었는데 지나고 나니까 좋은 기억들만 남았어. 힘들고 기억하고 싶지 않은 일들은 모두 필터링이 된 것 같아."

인도를 다녀온 지 수년이 지난 지금도 마트에서 빨간 애플망고를 볼 때마다 아이들은 인도에서의 추억을 떠올린다. 한 개에 만 원이 넘는 비싼 망고를 선뜻 사달라는 말 대신 인도의 거리에서 1달러에 망고 서너 개를 사먹던 이야기를 한다. 그리고 다시 인도에 가고 싶다는 말과 함께 그때를 그리워한다.

아이에게 맞는 교육이란 과연 어떤 교육인지 고민하지 않는 부모는 없을 것이다. 교육의 현장은 아이가 행복하기만 해서도 안 되고 행복의 요소를 함부로 빼앗아서는 더더욱 안 된다. 적절한 도전의식을 느끼며 이겨낼 힘을 기르게 해주어야 하고 그 과정에서 성취감과 자아 효능감도 느끼게 해주어야 한다.

그러나 이러한 모든 조건을 갖춘 학교나 교육기관이 과연 얼마나 될까. 우리는 부모로서 이 부분을 고민해야 한다. 모든 것이 완벽할 수는 없더라도 적어도 아이가 자신의 마음속에 있는 작은 힘이라도 발견해낼 수 있는 기회를 주는 교육환경이라면 그것만으로도 큰 의미가 있다고 생각한다. 어린 시절부터 도전과 성취를 통해 자신의 내면의 힘을 찾은 아이들은 인생의 과정을 거치는 동안 가치 있는 도전들을 기꺼이 받아들이고 성장해나갈 것이다.

우리는 소논문을 씁니다

아이의 소논문 연구 주제는 MBTI

둘째아이는 어릴 때부터 사람들의 마음이나 행동에 관심이 많았다. 새로운 환경을 낯설어하지 않았고 오히려 호기심을 보였다. 신학기가 시작되면 새로운 친구들을 만날 생각으로 기대감이 가득했고 집에 오면 새로 사귄 친구들 얘기를 한참 동안 했다. 아이가 친구들 이야기를 하는 걸 잘 듣다 보면 친구의 성격이 어떤지 어떤 것을 좋아하고 싫어하는지와 같은 특징을 곧잘 파악하는 것 같았다.
남들이 볼 때 쉽게 드러나지 않는 면들도 깊이 있게 보는 아이는 주변 사람들에 대한 관심과 관찰력이 좋아 보였다. 사람들의 성격이나 심리에 관심이 많은 둘째아이에게 MBTI는 관계를 이해할 수 있는 재미있고도 매력적인 도구였다. 자신의 MBTI는 물론이고 가족들과 친구들의 MBTI까지 모두 외우고 설명할 정도로 MBTI 전문가가 되었다.

나에게도 자주 MBTI 검사를 해보자고 했고 결과가 나오면 나와 자신이 다른 이유에 대해서 자세히 설명해주었다. 솔직히 나는 아무리 여러 번 검사를 해도 첫자리에 'E'가 나온다는 것 말고는 기억나는 게 없을 정도로 MBTI에 별관심이 없다. 내가 생각하는 나는 내향적인 사람인데 이상하게 검사를 할 때마다 외향성(E)으로 나와서 검사결과에 신뢰가 가지도 않았다. 혈액형 성격유형이나 별자리 타로점과도 큰 차이를 느끼지 못했다.

11학년이 되던 해에 둘째아이는 '학술적 글쓰기' 수업을 들었다. 졸업 논문을 쓰기 전에 논문 작성법을 배우고 소논문을 직접 작성해보는 수업이었다. 논문의 주제를 고민하던 아이는 자신이 계속 관심을 가지고 있던 MBTI와 바넘효과를 주제를 연구조사를 하기로 결정했다. 그리고 〈MBTI가 청소년의 심리에 미치는 영향에 관한 연구〉라는 제목의 졸업 소논문 준비를 본격적으로 시작했다.

학술적 글쓰기 수업시간에는 선생님이 고등학생들에게 논문 작성하는 법을 하나부터 열까지 꼼꼼하게 지도해주었다. 먼저 목차를 정하고 논문의 목적과 필요성을 글로 정리했다. 매주 목차에 따른 과제가 있었고 발표시간마다 선생님의 피드백이 있었다. 이렇게 소논문 쓰는 방법을 구체적으로 배우면 12학년 일 년간 졸업논문을 쓰는 데 많은 도움이 된다.

12학년에도 학술적 글쓰기 수업은 계속 들었는데 졸업 논문지도는 두 분의 담당 지도 선생님이 별도로 해주었다. 둘째아이가 정한 논문의 주제와 전체적인 내용은 내가 생각했던 것과 다른 부분이 있었다. 종전까지의 MBTI 신봉자 입장이 아닌 객관적인 시각으로 서술되어 있었다. MBTI의 문제점을 분석하고 그것이 청소년들에게 주는 영향과 시사점에 대해서 진지하게 비판하고 해결책을 찾아나가려는 것이 연구논문의 목적이자 주요 내용이었다.

관심 있는 주제를 깊이 파고들어보는 경험

MBTI에 대한 믿음이 충만했던 아이가 비판적인 시각을 가지게 된 계기가 있었다. 휴 잭맨 주연의 영화 〈위대한 쇼맨〉은 아이가 MBTI를 폭넓은 관점으로 볼 수 있도록 해준 영화이다. 멋진 OST로도 유명하지만 특히 휴 잭맨의 찐팬인 첫째아이 때문에 가족 모두가 이 영화를 수도 없이 반복해서 보았다. 영화든 책이든 여러 번 반복해서 보다 보면 처음에 보이지 않았던 장면들도 보이고 주인공들의 섬세한 심리도 읽을 수 있다. 그뿐만 아니라 영화의 배경이 되는 시대에도 관심을 가지게 되는 것 같다.

실화를 바탕으로 한 이 영화를 계속 보면서 아이들은 자연스럽게 실존인물이었던 P.T. 바넘을 알게 되었다. 바넘은 미국의 쇼비즈니스 창시자이자 무대 공연으로 전 세계를 매료시킨 인물이다. 그가 무대 위에서 사람의 성격 유형을 맞추며 보여준 퍼포먼스는 당시 미국사회에 대단한 사회적 이슈가 될 정도였다고 한다. 바넘의 성공 이후로 미국의 심리학자들은 바넘이 사용한 '콜드리딩'이라는 기술을 연구하게 되었고 상대방의 마음을 간파하는 이 기술로 인해 야기되는 효과를 '바넘효과'라고 부르기 시작했다. 바넘효과를 간단하게 설명하면 누구에게나 적용되는 성격 특성을 자신의 것과 일치한다고 믿는 현상이다.

〈위대한 쇼맨〉이라는 영화를 통해 주인공 바넘의 삶과 '바넘효과'에 대해 알게 된 둘째아이는 MBTI에 대한 새로운 관점을 갖게 되었다. 단순한 흥미 이상으로 MBTI의 검사결과를 신뢰하고 있던 자신의 모습을 좀 더 관조적으로 보는 계기가 되었던 것 같다.

그동안 굳게 믿고 있던 MBTI 결과가 실제로는 '바넘효과'를 대표하는 분야라는 것을 알고 나자 아이는 우선 고등학교 전체 학생들을 대상으로 구글 설문지를 만들어 설문조사를 시작했다. 자신과 같은 또래의 학생들이 MBTI에 대해 가지고 있는 인식과 생각을 조사하고 통계를 분석해보니 논문을 어떤 내용으로 써야 할지 구체적인 방향성이 잡힌 듯했다. 100명이 넘는 응답자 중에 MBTI검사를 안

해본 사람은 단 한 명도 없었다. 그리고 대부분의 아이들에게 MBTI는 관계를 규정하고 이해하는 데 중요한 기준을 제공해주는 듯했다.

둘째아이가 가장 신경을 많이 썼던 부분은 연구의 주제와 목적이었다. 논문 지도 선생님을 개인적으로 찾아가 상담도 하고 교정도 여러 차례 받았다. 그다음으로는 논문의 내용을 구성하는 자료를 수집하기 위해 관련 책들과 인터넷의 다양한 자료를 모았다. 단순한 관심보다는 깊이 있는 배경지식이 있어야 수준 높은 자료를 수집할 수 있었다.

논문을 작성하는 과정에서 어려움에 부딪힐 때마다 아이는 누군가를 찾아가서 도움을 요청했다. 나 또한 아이의 논문 주제와 관련된 참고도서를 추천해주고 관련내용을 함께 찾아주는 일로 도움을 주었다.

주제가 선정되고 모든 자료가 준비된 다음에는 본격적으로 논문의 서론을 쓰기 시작했다. 그런데 생각보다 한 줄을 쓰기도 쉽지가 않다는 것을 곧 깨달았다. 소논문의 첫머리를 구성하는 데에만 꼬박 두 달 이상이 걸렸다. 몇 권의 참고도서들을 발췌해서 읽기도 하고 전문가들의 칼럼을 찾아보기도 하면서 주말에도 맘 편히 쉬지 못하고 논문 생각이 둘째아이의 머릿속에서 떠나질 않았다.

이 글을 쓰고 있는 지금은 아이가 여름방학을 앞두고 있는 2쿼터 마지막 주이다. 아이는 지난 두 쿼터 동안 수없이 마감에 쫓기는 경험을 했다. 매주 담당 선생님께 중간 과정의 내용을 제출해야 하고 전체 선생님들 앞에서 발표도 해야 했기 때문에 정말 바쁜 시간을 보냈다.

　대안학교의 12학년은 학창시절의 마지막 학년이기도 하지만 졸업을 준비하는 가장 바쁜 시간이다. 졸업소논문도 써야 하고, 쿼터 발표회도 해야 하고, 작품 전시회도 해야 하고, 입시 준비도 해야 해서 몸이 두세 개라도 모자랄 정도이다. 게다가 마지막 학창시절을 추억하기 위한 여행도 있고 프로젝트를 비롯해 주중에 해야 할 일이 가득하다. 3~4쿼터에 논문 마무리와 대입을 위한 면접 준비 그리고 자기소개서 등을 쓰다 보면 곧 졸업이 눈앞에 다가와 있게 된다.

　아이들이 중고등학교 시기에 대안학교를 다니면서 얻은 유익은 셀 수 없이 많다. 그중에서도 딸아이들이 시간이 지날수록 더 좋아진 부분은 주도성과 자기 분야에 대한 고집을 지켜나가는 힘이었다. 처음에 아이가 MBTI에 한동안 몰입하고 있을 때 마음 같아서는 아이의 관심을 다른 데로 돌리고 싶었다. 나의 생각을 주입시키면서 상대적으로 아이의 관심사가 별로 중요하지 않다는 느낌을 줄 수도 있었지만 그렇게 하지 않기를 정말 잘했다는 생각이 든다.

　둘째아이가 졸업을 앞둔 지금에 와서 보니 그동안 아무리 사소해 보이는 것이라 할지라도 아이 입장에서 불필요한 관심은 하나도 없었다. 그것이 논문의 재료로 재탄생하든 단지 자신이 시간 낭비를 했다는 것을 깨닫는 계기가 되든지 간에 아이의 선택과 관심사를 지지해주는 일이 얼마나 중요한 일인지를 알아야 한다. 보잘것없어 보이는 일에 아이가 시간과 에너지를 쏟을 때조차 부모는 아이의 관심사에 반대는 하지 않는 것이 좋다. 아이 스스로 충분히 경험해보고 실수를 하더라도 기다려주다 보면 어느새 주도적인 아이로 성장해가고 있는 모습을 보게 될 것이다.

둘째아이가 12학년이 되던 해에 입시 공부에 치중할 것인지 소논문을 비롯한 대안학교의 모든 교과과정을 충실히 따라갈 것인지를 고민할 때에도 나는 아이의 의견을 존중하려고 노력했다. 아이는 자신의 경험을 통해 배운 것들을 바탕으로 연구도 하고 책도 읽으면서 어느 때보다 열심히 학창시절을 보내고 있다. 이렇게 고등학교의 마지막 학년을 보내고 있는 아이의 모습이 뿌듯하고 자랑스럽다. 자신이 관심을 가져온 어떤 분야이든 마음껏 탐색하고 배울 수 있는 대안학교의 학습 환경이 아이를 성장시켰고 미래를 살아갈 지혜와 힘을 키워주었다.

아이가
원하는 별을
찾을 때까지

별을 찾는 방법은 하나가 아니라는 생각

갭이어(gap year)는 학생들이 고등학교나 대학에 들어가기 전 잠시 학업을 중단하고 자신이 하고 싶은 일을 하면서 흥미와 적성을 찾는 기간을 뜻한다. 이 제도는 1960년대 영국에서 가장 먼저 시작되고 정착됐다. 영국에서는 학생들이 중학교에서 고등학교로 올라가기 전 1년 동안 갭이어 프로그램에 참여하는데 이 기간 동안은 시험의 부담에서 벗어나 여행, 연극, 영화 제작, 요리, 디자인, 스포츠, 심리학, 건축학 등 자신이 배우고 싶은 분야를 선택해서 자유롭게 배울 수 있다. 그뿐만 아니라 해외봉사나, 인턴쉽, 워킹홀리데이, 창업과 같은 활동을 통해 자신의 진로를 구체적으로 탐색해 보는 시간을 갖기도 한다.

갭이어 제도가 영국에서 성공적으로 정착한 이후 유럽 국가들에서도 점차 이와 비슷한 프로그램을 도입하기 시작했다. 미국과 캐나다에서는 유럽의 갭이어 제도 취지와는 약간 다르게 학생들의 대학 중도 포기 대비책으로 도입되었다. 일본 역시도 2011년에 JGAP이라는 이름으로 갭이어 제도를 도입했고 현재도 시행하고 있다.

우리나라에서도 2011년에 한국갭이어재단이 설립되어 학생들에게 해외봉사, 여행, 어학학습 등의 프로그램을 제공하고 있지만 중고등 학생들에게 대중적이지는 않다. 오히려 대학생들이 갭이어의 형태를 띤 휴학을 많이 하고 있다. 취업난과 미래에 대한 불투명성 때문에 대학생들이 바로 졸업하기보다는 일 년 정도 휴학을 하고 자기개발이나 스펙을 쌓는 경우가 많다. 사회적 분위기에 따른 일종의 강제적 갭이어라고 말하는 사람들도 있다. 대학생들의 휴학이 증가하는 추세는 진로나 취업에 대한 고민도 함께 증가하고 있는 현실을 반영한다.

몇 해 전부터 중학교 1~2학년들을 대상으로 시행중인 '자유학기제'나 '자유학년제'는 우리나라의 공립학교에서 시도하는 일종의 갭이어 프로그램이라고 볼 수 있다. 원래의 취지는 자유학년제 기간 동안 체험이나 실습을 통해 자신의 진로와 적성을 탐색해보게 하는 것이었지만 오히려 학교시험이 없어 아이들의 학력 격차만 벌어지고 있다는 학부모들의 의견이 지배적이다. 강남을 비롯한 입시의 메카에서는 이 시간을 학교시험의 속박에서 벗어나 선행진도를 나갈 수 있는 절호의 기회로 삼고 있다. 실제로 이 기간 동안 일부 중학생 아이들의 학습량은 엄청나게 늘어났고 고등학교 교과과정까지 마무리한다. 반면 지방의 아이들 대부분은 시험이 없어진 후로 기본적인 학습에 대한 집중력이 현저하게 떨어져서 아이들의 학력수준 격차는 그전보다 훨씬 더 벌어졌다.

입시제도의 근본적인 변화 없이 시작한 자유학기제와 자유학년제가 좋은 평가를 받지 못하는 주된 이유이다. 물론 새로운 제도가 도입되고 시행될 때 어떤 것이든 초기의 시행착오 기간이 있다는 것을 감안하면 앞으로 취지에 맞는 구체적이고 체계화된 형태의 갭이어로서 자유학기제와 자유학년제가 정착될 수 있기를 기대한다.

갭이어 제도나 우리나라의 자유학기제와 자유학년제의 취지를 살펴보면 그 내용이 매우 유사하다. 아이들이 입시나 학교시험의 부담에서 벗어나 다양한 활동과 체험을 통해 스스로 진로에 대해 고민하는 시간을 갖도록 하는 것이다. 이런 시간을 학교에서 공식적으로 허용함으로써 아이들은 자신의 미래에 대해 구체적인 고민을 할 수 있게 된다.

그룹활동이나 역할 발표 그리고 팀워크와 또래교사 활동 등을 통해 아이들은 서로간의 소통과 협력을 배우고 다양한 프로젝트와 동아리 활동에도 전념할 수 있다. 사실 딸아이들이 대안학교를 다니는 동안 학교활동의 대부분은 모두 이런 내용들이었다. 대학을 반드시 가야 한다는 생각을 부모와 아이가 모두 내려놓고 입시 부담에서 벗어나자 실제로 할 수 있는 일이 너무나 많았다. 물론 중간에 조바심이 나는 경우가 없었던 것은 아니지만 오히려 아이들도 그런 시간을 지나면서 본인의 삶과 진로에 대해 더 진지하게 고민하는 모습을 볼 수 있었다. 두 딸아이가 대안학교에서 생활하는 모습을 보면서 아이마다 성향이 다른 것처럼 자신의 진로를 찾아가는 방법도 다르다는 것을 알게 되었다. 두 아이에게 유일한 공통적인 부분이 있었다면 입시 공부 대신 하고 싶은 일을 마음껏 했다는 것이다.

진짜 하고 싶은 것을 찾는 시간

첫째아이는 악기 연주를 유독 좋아했다. 종일 악기 연주를 즐겨 했고 학교에 다니는 동안 악기를 손에서 놓지 않았다. 결국 아이는 졸업 이후에 미국의 보스턴에 있는 버클리음대에서 음악을 전공하고 있다. 둘째아이는 하고 싶은 일이 정말 많은 아이이다. 그만큼 다방면에 재능도 가지고 있다. 처음에 아이가 다양한 탐색을 하는 동안에는 너무 여러 가지를 하는 것은 아닌가라는 생각도 들었지만 이내 생각이 바뀌었다. 첫째아이처럼 한 분야에 파고들고 오랜 기간

수련하며 능력을 키우는 것도 좋은 일이지만 다방면에 관심사를 가지고 그 분야들을 경험해보고 통합할 수 있는 실력을 갖추는 것 또한 미래가 요구하는 인재상인 것을 알고부터는 둘째아이가 자신의 진로를 빨리 정하지 않아도 아이의 다양한 시도와 탐색을 적극 응원하고 지지할 수 있게 되었다.

아이가 자신의 스타일을 찾아가고 진로의 방향을 정하기 위해서는 고민과 탐색의 시간이 반드시 필요하다. 입시의 부담에 얽매여 아무런 생각도 할 여유가 없도록 만드는 것은 부모들이 해서는 안 되는 일 중에 하나이다. 우리나라 입시교육의 여러 문제점들 중에 내가 가장 큰 문제로 꼽고 싶은 것은, 모든 학생이 자신의 속도와 성향을 무시한 채 정해진 기간 안에 공부량을 채워야 하고 대학에 합격해야 한다는 고정관념이다. 중고등학교 내내 국영수를 중심으로 하는 시험공부만 했던 아이들이 자신의 진로와 적성 더 나아가 꿈에 대해서 생각해볼 시간도 없이 그대로 대학에 들어가야 하는데 만약 대학에 합격이 안 되면 재수생 삼수생이라는 꼬리표까지 붙게 된다. 상황이 이렇다 보니 아이들은 시험 성적이 나올 때마다 절망하고 어린 시절 품었던 열정과 꿈은 점점 사그라지고 만다.

갭이어나 선택적 학습 환경에 대한 제도적 보장이 되지 않는 한 갭이어를 하는 것 조차 제도권을 벗어나는 용기를 내야 하는 일이 될 수 있다. 대안교육이나 대안학교를 선택하는 일도 마찬가지이다. 교육에 대한 결과를 부모와 학생이 스스로 책임져야 한다는 부담감이 존재하는 한 다양한 교육환경에 대한 보장과 선택의 자유는 제한적일 수밖에 없을 것이다. 아이들이 다녔던 대안학교는 고등학교 졸업 이후에 공식적으로 1년간 갭이어를 할 수 있는 제도가 있다. 물론 언제라도 선택에 따라 갭이어 기간을 가질 수 있다. 사실 학교를 다니는 동안이 갭이어 기간이라고 해도 과언이 아니다.

그렇다고 아이들이 교과학습을 전혀 등한시했던 것은 아니다. 공부도 해야 했고 시험도 봐야 했다. 그러나 그것이 절대적인 학습의 기준은 아니었다. 학교에는 다양한 프로젝트와 동아리 활동이 있어서 어떤 분야든 자신의 관심사가 생길 때마다 프로젝트를 기획하고 수행할 수 있다. 기업경영에 필요한 팀워크를 배우는 일도 IT기술을 농업에 이용해 생산성을 높이는 방법을 연구하는 것도 모두 프로젝트와 동아리 활동을 통해 이루어진다. 인문학과 심리상담에 관심이 있는 아이들은 마을의 어르신들을 일 년 동안 정기적으로 가까이 만나고 대화하면서 그분들의 삶을 자서전으로 기록하는 프로젝트를 기획하고 이타적 자서전 쓰기 활동을 하거나 지역의 다문화 가정을 찾아 아이들을 위한 동화책 만들기 프로젝트를 진행하기도 한다. 이외에도 국제개발에 뜻이 있는 아이들, 음악이나 영화, 미술과 같은 예술 분야를 통해 자신의 꿈을 펼쳐 가기를 원하는 아이들 역시 다양한 분야의 관심사를 프로젝트나 동아리 활동을 통해 마음껏 도전하고 해당 분야에 깊이 있는 경험을 할 수 있는 환경이다.

아이들은 시험 성적 때문에 좌절하거나 공부를 포기하고 싶다는 생각을 하지 않는다. 오히려 한 해, 한 해 지날수록 배움에 대한 열의가 더 커져갔다. 자신이 정말 공부하고 싶은 분야를 찾은 아이들은 스스로 그 분야에 대한 열정을 불태웠다. 그러한 열정이 대학에서 더 공부하고 싶다는 마음으로 연결되고 그때가 되면 공부하지 말라고 해도 아이들은 고도의 집중력을 발휘해서 자신의 꿈을 성취하기 위해 달려 나갔다.

  국영수 공부만 해서 대학에 들어가는 학생들과 이렇듯 다양한 분야의 탐색 과정을 거치면서 스스로 대학 입학을 결정하는 학생들 사이에는 분명 보이지 않는 차이가 존재할 것이다. 2022년 별무리 고등학교를 졸업한 아이들 중에 1년간 별무리학교의 교육연구소에서 주최하는 '갭이어 과정'에 참가하는 학생은 총 6명이다. 그중에서는 스페인의 몬드라곤 대학 입학을 앞두고 있는 졸업생도 있고 미국의 미네르바 대학을 합격하고 9월 학기 입학을 기다리며 갭이어에 참여하고 있는 졸업생도 있다. 미네르바와 몬드라곤은 세계적인 창업대학으로 기업경영과 팀프로젝트를 주력으로 훈련하는 교육기관이다. 이 대학들에서의 학습과정 역시 무대가 전 세계라는 것만 빼고는 아이들이 고등학교 내내 진행했던 프로젝트학습의 연장선이다.

  대안학교에서처럼 중고등학교 기간 내내 자신의 진로를 탐색하고 꿈을 찾는 일에 몰두하는 환경이 아닐지라도 다양한 경험을 통해 자신과 자신을 둘러싼 사회와 문화를 경험하는 시간은 어린 학생들에게 매우 의미 있는 시간이 될 것이다. 얼마 전 설혜심 교수의 『그랜드 투어』를 재미있게 읽었다. 영국 귀족들의 엘리트 교육의 최종 단계인 해외여행의 흥미로운 역사를 기록한 책이다.

영국 귀족가문의 자녀들이 사회나 정계에 진출하기 전 비교적 어린 나이에 평균 2~3년 동안 프랑스와 이탈리아 등을 여행하며 견문과 교양을 쌓게 하는 이 여행은 일종의 '교육 여행'이었다. 엄청난 경비와 화려한 준비 그리고 수많은 교사와 수행원들까지 대동한 이 특별한 여행은 점차 영국 사회 전체에 자녀 교육 트렌드처럼 퍼져나갔고 현재 서양사회의 갭이어나 어학연수와 같은 유학의 기원이 되었다고 한다. 18세기의 영국 귀족사회의 교육과 지금의 우리의 교육을 동일선상에 놓고 비교할 수는 없겠지만 예나 지금이나 자녀교육에 열을 올리는 부모들의 열정만큼은 크게 다르지 않은 것 같다.

3장

나만의
별을
스스로 찾다

"내가 하고 싶은 건…"

대안학교에서 대학을 가다

대학 너머 더 큰 미래를 향해

"저희 학교는 대학 입시를 목표로 하는 학교가 아닙니다. 괜찮으시겠어요?"

별무리학교에 아이를 입학시키기 위해 부모 면접을 보던 날 면접관 선생님으로부터 받았던 질문들 중에 나를 멈칫하게 했던 질문이다. 입시 위주의 교육을 시키지 않기로 결단하고 선택한 학교였지만 막상 정곡을 찌르는 질문을 받으니 선뜻 대답이 나오지 않았다. 면접 자리에서는 일단 "네."라고 대답은 하고 나왔지만 마음 한구석 쩝

찜함이 남아 있었다.

'정말 우리 아이가 대학을 안 가도 될까?'

'이 학교에서는 아이들에게 입시 공부를 정말 안 시킨다는 말일까?'

면접장을 나서면서 오히려 머릿속이 복잡하고 심란해졌다. 면접관 선생님이 건넨 질문의 뜻을 수년이 흐른 지금은 이해할 수 있지만 당시로서는 대학 진학과 대안교육 중 결단을 해야 할 것 같아 상당한 고민이었다.

지금 생각하면 산꼭대기에 학교를 세우고 부모들에게 그런 질문을 던지는 학교의 선생님들도 보통 분들은 아니었다. 입시제국 대한민국에서 가장 영광스러운 관문으로 여겨지는 대학을 준비시키지 않는 학교라니 과연 몇이나 되는 학부모가 아이를 이곳으로 보낼 용기를 낼 수 있을까라는 생각도 들었다. 개교 초기에 입학한 우리 가족은 대안학교를 먼저 보낸 선배 부모들의 조언을 구하기도 쉽지 않았다.

면접장을 나오던 그날은 우리 가족이 선택한 대안교육은 누군가 만들어놓은 길이 아니라 완전히 새롭게 개척해야 하는 길임을 깨닫는 순간이었다. '정말 아이를 이 학교에 보내도 될까?'라는 생각이 잠시 들기도 했지만 애초에 입시교육에 전념할 생각이었다면 대안학교를 알아보지도 않았을 테고 그 질문 하나로 발길을 되돌린다는 것도 앞뒤가 맞지 않는 것이었다. 어쨌거나 아이는 학교에 입학을 했고 나는 대안학교의 학부모가 되었다.

일반 고등학교와 별무리 고등학교

첫째아이가 별무리 중학교에 입학하고 얼마 안 있어서 별무리 고등학교가 개교를 했다. 별무리 고등학교의 개교는 학교 입장에서도 대한민국 입시교육을 향한 도전이었고 대안교육의 길에 이제 막 들어선 아이들과 부모들에게도 또다시 고민거리를 던져주는 계기가 되었다. 중학교가 만족스럽지 못했다면 많은 부모가 고민도 하지 않았겠지만 분명 교육의 방향이 옳은 길로 가고 있었고 그런 와중에 입시교육으로 다시 방향 전환을 하는 것은 더 어려운 일로도 여겨졌다.

대학 입시가 조금 멀게 느껴지는 중학생 때는 인성교육과 가치교육에 집중하기가 상대적으로 쉽다. 그러나 고등학교는 상황이 달랐다. 입시에 성공하기 위해서는 절대적인 학습량이 필요했고 그만큼 시간을 투자해야 한다는 생각이 지배적이었다. 그렇다고 하루 종일 입시공부만 하는 대안학교라면 공립학교와 다를 바가 없는 곳이다. 행복하게 학교생활을 하는 아이를 보면 만족스러웠지만 입시공부 외에 다양한 활동을 하는 모습을 보면서 여전히 입시에 대한 고민은 계속되었다.

아이의 중학교 졸업이 다가올 무렵이 되자 다시금 입학 면접관 선생님이 던졌던 질문이 머릿속에 떠올랐다. 대안교육과 대입이라는 이름의 '두 마리 토끼'가 머릿속을 뛰어다니는 것 같았다. 9학년이었던 큰아이가 인도에서 귀국할 무렵 하루는 걱정 어린 목소리로 전화를 했다. 지금 다니는 학교가 너무 좋아서 고등학교도 가고 싶은데 대학을 가지 못할까 봐 걱정이라는 말을 했다. 몇몇 아이들은 귀국 후에 일반 고등학교에 가서 대학 입시를 준비하겠다는 아이도 있었다. 아이들끼리 입시에 대한 이야기를 하면서 딸아이 역시 대학 입시에 막연한 불안감을 느끼는 것 같았다.

여전히 교육의 목적이 대학 입학에 집중되어 있는 현실과 그 안에서 가고 싶은 학교를 두고 고민하는 아이를 보면서 문득 들었던 생각은 부모인 내가 중심을 잡아줘야 한다는 것이었다. 대안교육을 선택한 이상 부모가 우왕좌왕하는 것은 아이에게도 혼란을 줄 뿐이었다. 나는 끝까지 중심을 잡고 선택한 길에 대한 믿음을 지켜가기로 했고 그 선택은 장기적으로 아이들의 교육에 더 긍정적인 영향을 주었다.

사회가 규정한 가치관의 틀 속에서 마이웨이를 고집한다는 것은 분명 쉬운 일은 아니다. 다수가 가는 길을 가지 않은 것은 여러 가지로 불편함을 야기하기도 한다. 돌아보면 지난 10년간 대안교육을 시켜오면서 우여곡절도 많았지만 그 기간은 나에게 자녀 교육이라는 의미에 대해 보다 큰 시야를 가질 수 있게 해주었다. 대안교육은 아이들에게 대학 입학이라는 목표점을 세워주고 모든 교육의 과정을 하나의 목표를 향하도록 구성해놓은 교육환경이 아니라 자신의 미래와 진로에 대해 마음껏 고민하고 탐색할 수 있게 해줌으로써 아이들 스스로가 진정으로 더 많은 배움을 원하도록 하는 바람직한 교육환경이다. 많은 아이들이 이러한 교육을 통해 배움의 기쁨을 발견하고 성장해왔다.

자녀를 교육하는 길이 한두 가지 방법만 있다고 생각하면 남들이 잘 가지 않는 길에 선뜻 발을 들이기가 어렵다. 다른 길을 가보지 않았기 때문에 불가능한 길이라고만 생각되기도 한다. 그러나 자녀를 교육하고 키워내는 길은 분명 한 가지만 있는 것은 아니다. 하나의 문이 닫히면 다른 문이 열리기 마련이다. 아이들은 자신이 진정으로 배우고자 하는 분야를 찾게 되면 부모가 반대하고 말려도 끝까지 해내고야 만다. 자신의 삶에 대해 책임을 가지고 주도적인 아이들을 키워내는 곳이 바로 내가 지난 10년간 경험한 대안교육 현장이다.

대학 입시를 목표로 하지는 않았지만 별무리학교의 아이들은 오히려 진정한 꿈과 배움을 찾아 대부분 원하는 대학에 진학하고 있다. 얼마 전 학교의 교육연구소 선생님께 농담 반 진담 반으로 이런 질문을 했다.

"선생님, 학교에서 아이들 대학 입학 소식 발표를 왜 하지 않으세요? 비밀처럼 소문으로만 들어야 하니 제때 축하도 못 해주는 것 같아요."

선생님은 합격이 안 된 아이들을 배려한다고 말씀하셨지만 대입이라는 목표를 표면으로 드러내지 않는 학교의 교육철학을 이제는 모두가 이해할 수 있다. 그래도 속 시원하게 입시결과도 발표를 해주면 좋지 않을까? 대안교육을 고민하고 있는 부모들을 위해서 말이다.

시골마을 별무리학교 학생, 미국 버클리 음대에 진학하다

음악가 집안도 아닌데

첫째아이는 어릴 때부터 한 가지에 꽂히면 오래가는 스타일이었다. 초등학교 4학년 때 '해리포터'를 읽고 싶대서 시리즈 전권을 사주었는데 6학년 때까지 내리 3년을 해리포터 시리즈만 읽고 또 읽었다. 어릴 때는 한 가지만 파고드는 아이를 보며 '너무 외골수로 자라는 건 아닐까?' 하고 걱정이 되기도 했다. 3년이나 같은 책을 손에서 놓지 않는 아이를 보면서 어떤 날은 일부러 해리포터 책을 읽지 못하게 했던 적도 있었다. 그토록 식을 줄 모르던 해리포터를 향한 열정이 서서히 기타를 향해 옮겨 갔던 건 대안학교에 입학한 7학년 때부터였다.

아이는 중학교 입학선물로 기타를 받고 싶다고 했다. 많은 악기 중에 유독 기타를 좋아할 만한 특별한 이유는 없었다. 주변에 기타를 치는 사람이 있는 것도 아니었고 음악가 집안은 더더욱 아니었다. 어릴 때부터 피아노나 리코더 연주를 곧잘 했고 좋아하지는 않았지만 바이올린도 그럭저럭 소리를 냈다. 아이가 기타를 사달라고 말할 때마다 한 귀로 흘려들었는데 입학선물로 받고 싶다고 말한 이상 사줄 수밖에 없게 되었다.

주중에 학교에 있는 동안 기타 연주도 배우면서 놀면 좋겠다는 마음으로 아이를 동네 악기점으로 데려갔다. 아이는 작고 예쁜 빨간색 어쿠스틱 기타를 골랐다. 기타를 꽤나 가지고 싶었던지라 얼굴에 함박웃음이 가득했다. 기타를 품에 안고 악기점을 나온 그때부터 아이는 기타와 사랑에 빠졌다. 밤이고 낮이고 할 것 없이 기타를 품에 안고 살았다. 저렇게 좋아하다가 덜컥 전공이라도 하겠다고 하면 어쩌나 싶을 만큼 기타에 대한 열정이 대단했다.

학교에서도 수업시간을 제외하고는 대부분 기타 연습만 했고 친구들하고 놀 때도 기타를 손에서 놓지 않았다. 주말에 집에 와서는 밥 먹는 시간과 잠자는 시간을 빼놓고는 계속 기타 연습만 했다. 아침잠이 유독 많은데도 주말 아침이면 가족들보다 한두 시간 일찍 일어나서 혼자 연습을 했다. 해리포터를 향한 열정과는 비교도 안

될 정도였다.

처음에는 기타를 칠 줄 아는 같은 반 친구에게 간단한 코드와 주법을 배웠고 곧 유튜브 선생님을 찾아서 혼자 배우기 시작했다. 인기 기타리스트 정성하가 그 당시의 딸아이에게는 아이돌이나 다름없었다. 그 기타리스트의 악보집과 앨범이 나올 때마다 구입했고 유튜브 영상을 보면서 배워나갔다.

일 년 정도 그렇게 연습하던 아이가 어느 날은 갑자기 기타 경연대회에 나가고 싶다는 말을 했다. 콜텍문화재단이라는 곳에서 주최하는 대회인데 전국의 기타리스트들이 참가하고 상금도 걸린 대회였다. 예선을 통과하기 위해서는 자신이 기타 연주하는 영상과 음원을 주최 측에 보내야 한다고 녹음실을 찾아봐달라고 했다. 독학으로 일 년 남짓 기타를 배우기 시작한 중학교 1학년 아이가 전국 대회에 나간다고 하니 아무리 생각해도 그 용기와 열정이 대단했다. 지인을 통해 음악학원 녹음실을 찾아서 연주 영상과 음원 녹음을 완성한 후에 문화재단에 영상을 보냈다.

전국에서 12명만 본선에 진출하는데 놀랍게도 딸아이가 본선 통과를 했다. 연주곡은 〈아리랑〉을 편곡한 것이었다. 생각지도 못했던 본선 진출로 온가족이 흥분의 도가니였다. 가족 중에 음악을 하는 사람이 아무도 없어서 더 신기하고 기특했다. 본선 대회 연주는 홍대 앞 상상마당에서 했다. 대회 날, 아이를 데리고 온가족이 서울로 출동했다. 대전에 사는 동생네 가족들과 금산의 학교 친구들까지 딸아이를 응원하기 위해 대회장에 모였다.

난생처음 기타 대회에 가보는 나만 제외하고 다른 참가자 부모들의 열정이 정말 대단했다. 아이가 세 살 때부터 기타를 가르치면서 음악가로 키우고 있는 부모도 있었고, 딸 셋을 기타리스트로 키우기 위해 매니저를 자청하고 아이들 공연과 대회 뒷바라지만 하고 있는 엄마도 있었다. 본선 진출자들 중에는 버클리음대 합격생도 있었고 이미 인스타 팔로워가 상당수 되는 인지도 높은 기타리스트도 있었다. 그 친구의 아버지이자 매니저가 명함을 사람들에게 돌리고 있었다. 딸아이는 그 친구와 기념사진을 찍었다.

그냥 경험삼아 가보자고 즐겁게 떠난 그 곳은 마치 신세계 같았다. 대한민국 부모들의 자녀교육에 대한 열정은 음악이든 미술이든 어디나 할 것 없이 엄청나다는 것을 다시 한번 피부로 느끼고 온 날이었다. 그날의 경험이 나에게는 신선한 충격이자 좋은 경험이었던 반면 아이에게는 자신의 실력을 가감 없이 가늠해볼 수 있는 기회였다. 나중에 아이에게 들은 얘기지만 그날 쟁쟁한 기타리스트들 틈에서 자신도 더 열심히 기타를 배우고 실력 있는 연주자가 되겠다는 의지를 마음속으로 불태웠다고 한다.

8학년이 되자 아이는 기타 레슨을 받고 싶어 했다. 화성학과 음악이론 공부도 전문가 선생님한테 배우고 싶다고 했다. 9학년이 되면 인도로 이동수업을 떠나야 해서 일 년밖에 못 배우는데 얼마나 많은 것을 배울 수 있을까 싶었지만 배움에 대한 아이의 열정이 갈수록 커지는 것을 보면서 우선은 레슨 선생님을 찾아보기로 했다. 여기저기 수소문 끝에 교회에서 찬양팀 반주를 하는 분과 연결이 되었는데 아이가 원하는 수업이 아니었다. 이후로 몇 차례 레슨 선생님이 바뀌었고 그렇게 음악을 배우는 동안 어느새 9학년이 되어 인도 이동수업을 떠났다.

인도에서 일 년 가까이 생활하는 동안에도 기타에 대한 열정은 식지 않았다. 처음에 향수병으로 고생하던 2~3개월을 제외하고는 한국에 있을 때처럼 늘 기타 연습을 했다. 아이의 기타 실력은 날로 발전했다. 인도에서 귀국한 이후에는 같은 대안학교로 고등학교 진학을 했다.

버클리음대에 합격하다

고등학생이 되고 나서 아이는 자신의 진로에 대해 많은 고민을 했다. 아이는 음악을 전공하고 싶어 했는데 한 가지 걸림돌이 있었다. 바로 엄마인 나의 반대였다. 부끄러운 고백이지만 나는 그때까지 아이의 음악전공을 반대했다. 대안학교에서 교육을 시켜왔음에도 막상 입시를 앞둔 고등학생이 되고 나니 현실적인 생각이 앞서게 되었다. 매번 음대를 가고 싶다는 아이를 설득했고 그냥 일반 학과에 가서 음악을 취미로 하는 게 어떻겠느냐는 말을 여러 번 했다.

아이는 내 말에 수긍하는 듯하다가도 대화할 때는 늘 음악 이야기뿐이었다.

아이가 11학년이 되던 해에 학교의 독서캠프 주간에 '휴먼 라이브러리' 강연회가 있었다. 그때 실용음악과 교수이자 작곡가인 백하슬기 교수님의 강연은 아이가 자신의 진로를 결정하는 데 큰 영향을 끼쳤다. 강연회 후에 아이는 교수님과 상담을 했고 자신의 진로에 대해 보다 구체적으로 고민하기 시작했다. 그 무렵 나도 아이의 음악에 대한 열정과 고집을 지켜봐오면서 더는 아이의 꿈과 진로를 막을 이유가 없다고 생각했다.

그렇게 아이가 11학년 중반부터 음악을 전공하기로 결정하고부터 나는 아이의 적극적인 지지자가 되기로 마음먹었다. 화성악과 음악이론 보다 더 전문적으로 배우도록 주말마다 학원을 보냈고 악기 연주는 자신이 배우고 싶은 선생님이 전국 어디에 있든 찾아가 레슨을 받았다. 말 그대로 눈이 오나 비가 오나 아이는 한주도 거르지 않고 세종에서 서울로 올라가서 주말 내내 음악 공부를 하고 일요일 저녁이면 다시 금산에 있는 학교 기숙사로 들어갔다.

부모의 전적인 지지와 응원을 받으며 자신이 하고 싶은 음악을 마음껏 할 수 있게 되자 아이는 날개를 펴기 시작했다. 주말마다 몇 시간씩 차를 타고 서울을 오고가야 하는 것도 음악을 배울 수 있었기 때문에 즐겁고 행복했다. 고등학교에서의 수업은 맞춤형으로 진행되는 고교학점제를 실시하고 있었기 때문에 학교를 다니면서도 음대 입시 준비를 할 수 있었다. 누구보다 열정을 다해 음대 입시를 준비했는데 안타깝게도 첫해에는 본인이 원하는 대학에 예비후보 1번으로 낙방하고 말았다. 음대는 선발 인원이 많지 않아서 예비 1번도 떨어지는 경우가 많다.

아이는 다시 도전하기로 했다. 한 번의 실패는 그다지 큰 문제가 되지 않아 보였다. 그리고 다음 도전은 국내 대학이 아닌 미국 보스턴에 있는 버클리음대 입시였다. 첫해의 입시 낙방이 오히려 아이에게나 나에게 진로에 대한 더 확고한 믿음을 심어주었다. 가야 할 길이 분명해 보였고 언젠가는 그 길을 가고 있을 것이기 때문에 조바심을 낼 필요가 없었다. 아이는 편안한 마음으로 연습실을 알아보기 시작했다.

버클리음대 입시 준비를 하며 연습을 하던 일 년 동안 아이는 매일 아침 도시락을 들고 좁은 연습실에서 자신과의 싸움을 했다. 좋아서 시작한 음악이었지만 목표가 확고해진 이상 재미만으로 갈 수 있는 길은 아니라는 것을 아이는 깨달았다. 새벽부터 들어가 밤늦은 시간까지 연습에 몰입하며 일 년을 보내고 아이는 이듬해 자신이 목표로 했던 버클리음대에 합격했다. 아이의 가능성을 높이 평가해준 버클리음대 입사관들이 적지 않은 장학금을 주었다. 그리고 같은 해 CJ 문화재단에서 해마다 버클리음대 합격생들을 대상으로 선발하는 장학생에도 선발되었다. 2023년 학기 출국을 앞두고 있는 아이는 내가 글을 쓰고 있는 지금도 여전히 맹연습 중이다. 주말에는 학비를 벌기위해 레슨 아르바이트도 하고 기회가 될 때마다 연주회를 다니며 용돈도 벌고 있다.

  중간에 갈등도 있고 어려움도 많았지만 아이가 끝까지 꿈을 향해 도전을 포기하지 않았던 이유는 무엇보다 교육환경의 영향이 컸다고 생각한다. 자신의 꿈을 인정해주고 믿어주고 전적으로 지지해주는 어른들이 있는 환경이라면 아이들은 자신의 능력 이상의 놀라운 잠재력을 발휘한다는 것을 알게 되었다.

인생의 멘토를 만나 꿈을 펼칠 길을 정하다

휴먼 라이브러리와 별빛 특강

아이들이 고등학생이 되면 스스로 진로에 대해 많은 고민을 한다. 대안학교 학생들은 일반 공립학교 학생들처럼 입시를 통해 대학을 가는 길 외에도 다른 선택지가 많기 때문에 그만큼 학생들의 다양한 진로 탐색을 돕는 프로그램이 있다. 별무리 고등학교에서는 해마다 휴먼 라이브러리, 별빛 특강, 진로 페스티벌을 열고 있다.

휴먼 라이브러리와 별빛 특강은 멘토 및 인사초청 강연회 시간이다. 미래의 직업세계와 관련된 전문가나 작가를 초청하거나 학생들이 관심 있어 하는 직업에 종사하는 부모를 모셔 강연회를 연다. 졸업생들이 모교를 방문해 대학생활이나 전공 공부에 대해 후배들에게 소개하기도 한다. 한 명의 강사가 전체 학생을 대상으로 강의하는 경우도 있고, 선택 특강 시간에 여러 주제의 강연 중에서 자신이 듣고 싶은 진로 강의를 선택해서 들을 수도 있다. 강연회 시간에 아이들은 어느 때보다 진지하게 멘토들의 말에 귀 기울이고 질문을 한다. 교사와 부모들 역시 아이들의 진로 멘토가 되는 일에 시간과 지원을 아끼지 않는다.

이러한 특강 시간은 아이들의 마음속 꿈이 빛나는 시간이다. 강연을 듣는 아이들은 단순히 강의를 듣는 것에서 그치지 않는다. 강의가 끝난 후에는 적극적으로 질문도 하고 미리 인터뷰할 내용들을 준비해서 강의에서 나누지 못한 깊이 있고 진솔한 이야기를 듣는다. 강연회가 끝나고 나면 대부분 소감문을 작성하는데 그중에서 일부는 학교의 매거진에 올라간다. 이런 피드백의 과정을 통해 학생들 간의 소통의 기회도 넓어지고 후배들에게도 긍정적인 영향력이 된다. 직접 강연회에 참여하지 않은 학생들도 직업세계에 대한 궁금증을 해소하고 배움에 대한 동기부여를 불러일으킨다.

2022년 스페인 몬드라곤 대학 입학이 결정된 5기 졸업생 중 한 명은 고등학교 때부터 기업 경영에 관심이 있었다. 해마다 학교에서 열리는 강연회 때도 관심분야의 특강을 선택해서 들었고 직업적 소명에 대해 깊이 고민하는 시간을 가졌다. 작년에 별빛 특강 강연을 위해 스페인의 창업대학인 몬드라곤 대학의 학생들이 학교를 방문했던 날 몬드라곤의 코치들과 심도 있는 인터뷰를 하면서 자신의 꿈과 진로에 대해 구체적인 비전을 세웠다.

전 세계 국가들을 무대로 다양한 기업경영 프로젝트를 하고 실제로 창업의 과정을 배우는 것에 큰 매력을 느끼고 도전하기로 했다. 교과서에 존재하는 이론적인 지식이 아닌 창업의 현장에서 배울 수 있는 살아 있는 지식을 체득하기 위해 몬드라곤 대학 입시 준비를 했고 입학 허가를 받아 스페인으로 출국했다.

이외에도 많은 아이가 특강을 통해 인생의 여러 선배들을 만나면서 자신의 내면에 잠재되어 있는 가치들을 끌어올리고 미래의 진로와 연결시키는 법을 배워간다. 진로라는 것이 단순히 대학에서 특정 전공 분야를 선택하는 것보다 훨씬 더 큰 의미를 갖는 다는 것을 배운 아이들은 앞으로 어떻게 인생을 살아야 하는지를 깊이 고민하기 시작한다.

휴먼 라이브러리와 별빛 특강 같은 강연회에서 다양한 인사들을 만나 인터뷰를 하고 강연을 듣고 소감문을 작성하면서 고등학생들의 마음속에는 벅찬 꿈이 꿈틀댄다. 인생의 멘토들을 만나 그들이 살아가는 가슴 뛰는 삶을 자신들도 살아가기를 원한다.

아이들이 어린 시절에 인생의 멘토를 만나는 것은 크나큰 행운 중에 하나이다. 학창 시절에 교사를 비롯한 훌륭한 어른들의 삶을 가까이서 보고 배울 수 있는 것은 더욱 큰 축복이다. 삶의 경험이 아직은 부족한 아이들에게 영향력 있는 롤모델은 아이들이 앞으로 살아가게 될 인생 가운데 이정표가 되어준다. 훌륭한 사람 뒤에는 반드시 훌륭한 스승이 존재한다는 사실을 알기에 부모들은 아이들에게 어떤 교육환경을 제공해야 하는지를 알 수 있다.

자신들의 인생의 행로를 깊이 고민하는 시기인 고등학생들에게 특별한 직업세계관을 가르친다는 것은 말로만 되는 것이 아니다. 남들이 찾지 않는 곳, 모든 사람들이 되도록 피하고 싶은 일을 하면서 삶의 숭고한 목표를 따라 살아가는 사람들을 우리는 존경의 마음으로 바라본다. 그러나 막상 우리 아이가 그런 직업의 길을 선택해서 살아간다고 생각하면 나부터도 환영하는 마음을 갖기가 어렵다. 아이들이 진로와 꿈을 찾아가는 과정이 결국에는 삶을 살아가는 방법에 대한 고민이 되어야 한다. 그리고 교사와 부모들이 어떤 교육환경을 아이들에게 제공해주어야 하는지에 대해서도 깊이 생각해볼 필요가 있다.

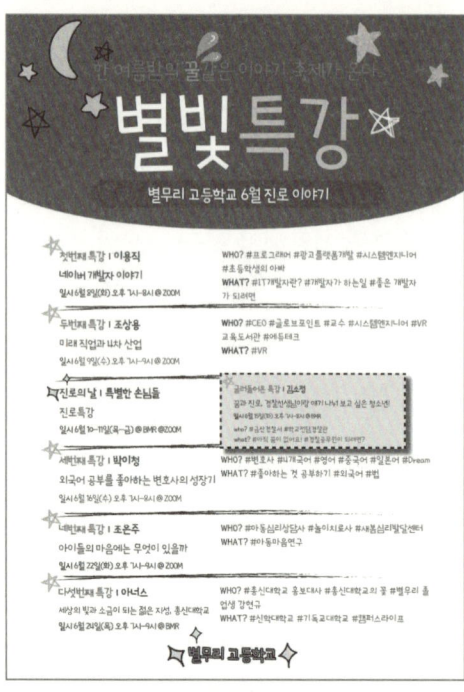
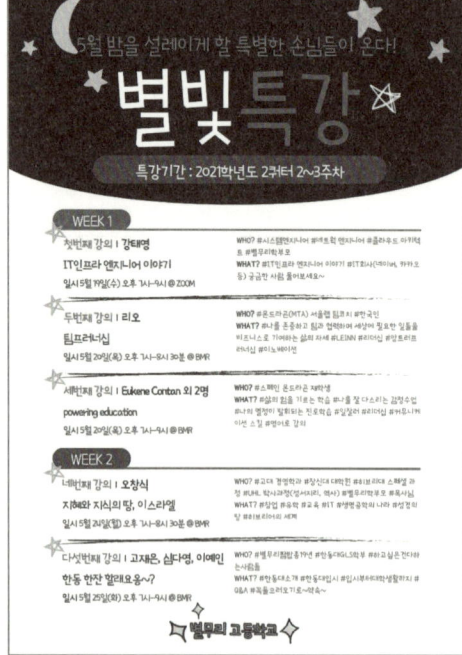

별빛특강 팸플릿

진로 페스티벌

딸아이들이 어릴 때 한국잡월드에 자주 데리고 갔다. 처음 아이들과 함께 방문했던 날 웅장한 규모에 놀랐던 기억이 난다. 마치 새로운 세계가 눈앞에 펼쳐진 듯 체험관 안에는 수십 가지가 넘는 직업 체험실이 있었다. 어린이 체험관과 청소년 체험관에는 미래의 직업세계를 최대한 현실감 있게 재현해놓았고 체험관마다 직업 관련 큐레이터들이 아이들에게 상세한 설명을 해주었다. 실물 크기의 우주선을 비롯해서 실제로 뉴스방송을 하는 스튜디오와 모델의 런웨이까지 다양한 직업체험을 한곳에서 해볼 수 있다는 점이 좋았고 아이들도 흥미로워했다.

시간상 하루에 두세 가지밖에는 체험을 할 수가 없었고 인기가 높은 체험관들은 이미 몇 달 전부터 매진되었기 때문에 티켓팅도 중요했다. 운 좋게 원하는 체험관에 예매가 되어도 들어가기 전에 긴 줄을 서야 했고 분당에까지 아이들을 데리고 가야 한다는 것만 빼고는 한국잡월드의 직업체험은 여행지에서의 추억처럼 즐거운 기억으로 남아 있다.

십여 년이 지난 지금은 그때와는 또 다른 직업들이 계속해서 생겨나고 사라지고 있는데 어린 아이들에게 직업의 세계를 소개하는 한국잡월드는 어떤 모습으로 변화하고 있을지 궁금하다. 지금은 진로탐색이나 체험의 기회도 예전보다 훨씬 다채롭고 가변적이다. 그만큼 여러 기관에서 청소년들에게 시대에 맞는 직업교육을 제공하고 있고 부모와 자녀들이 함께 미래의 직업을 탐색할 수 있는 기회가 많아졌다. 아이들도 저마다 타고난 적성과 관심사에 맞춰 자신의 진로를 탐색하는 일에 예전보다 훨씬 더 적극적인 것 같다.

딸아이들이 청소년 시기를 보낸 별무리학교에서는 그야말로 다양한 경험을 통해 자신의 꿈을 찾고 도전할 기회가 많이 있었다. 나 역시도 부모들이 동참할 수 있는 학교 행사에 적극적으로 참여했고 아이들의 학교생활 이야기들을 블로그에 기록하기도 하면서 다시 학창시절로 돌아간 기분이 들 때도 있었다. 그렇게 10년 가까이 모아온 아이들의 대안학교 이야기는 우리 가족의 소중한 추억 앨범이 되었다.

특히 축제가 열리는 시즌에는 행복한 분위기가 학교와 마을 전체에 가득했다. 학교에서는 일 년에 두 번 큰 축제가 열렸다. 하나는 연말에 열리는 '별무리축제'이고 다른 하나는 '진로 페스티벌'이다. 그때는 전국의 부모들도 아이들과 함께 축제 현장에 모였다. 축제날에는 아이들이 그동안 갈고 닦은 실력을 마음껏 펼쳐냈고 학교 공동체 안의 모든 가족들이 공연장에 모여 아이들을 격려하고 함께 즐거워했다.

아이들보다 부모들이 더 들뜨고 즐거워하는 축제는 '진로 페스티벌'이다. 그날에는 학교의 모든 교실이 직업 체험장으로 바뀌었고 학교앞 광장은 먹거리 부스와 마을 사람들로 북적되었다. 마을 광장에는 아이들의 댄스와 오케스트라 거리 공연이 있었고 밴드 연주에 맞춰 노래를 하는 아이도 있었다. 직업 체험 부스는 모두 부모들이 기획하고 준비한 것이다. 직업 박람회를 방불케 하는 다양한 직업의 부모들이 자발적으로 부스를 만들고 자녀들에게 직업세계를 통해 이루어가는 삶의 가치를 전해주었다.

　학부모들이 주체가 되어 만들어진 진로 탐색 부스는 제목부터 아이들의 호기심과 흥미를 끌어들였다. '좋은 영화인이 되는 방법과 영화인의 삶', '드론 is 뭔들', '플라잉 디스크', '크리스천 의사가 되려면', '셀프 피드백으로 엄마의 잔소리 벗어나기', '성문화 교육강좌', '수화야 놀자', '선교사의 삶과 헌신의 이해', '페이퍼 파일럿 만들기', '모래 놀이 치료사', '사인을 보내! 심리학 체험 교실', '의료와 응급 구조', '중독 전문 사회복지사', '퍼스널 컬러와 이미지 메이킹(with 미용실습)', 'FUN FUN 한 변호사', '요리실습 초코볼 만들기', '치과의사로서의 삶과 관계 맺기', '실용음악과 CCM', '나만의 감성 캘리그라피' 등등 해마다 창의적이고 다양한 부스가 있었고 아이들은 여러 부스를 돌아다니면서 즐겁게 배우고 체험할 수 있었다. 전문분야의 직업이 아니더라도 인생 선배의 마음으로 아이들에게 삶의 이야기를 진솔하게 나누어주는 부모들도 있었다.

　아이들은 축제 전에 미리 직업 부스에 대해 간단한 설명을 듣고 신청해서 쿠폰을 받았다. 중학교 때 패션과 디자인에 관심이 많았던 둘째아이가 선택했던 부스는 모두 패션과 관련된 디자인과 미용 그리고 네일아트였다. 손톱에는 화려한 네일아트를 하고 디자이너와 함께 만든 티셔츠를 입고 즐겁게 학교 광장을 뛰어다니던 중학생 딸아이의 행복한 미소가 지금도 눈에 선하다.

축제의 꽃은 뭐니 뭐니 해도 먹거리였다. 직업체험 부스에서 봉사하는 부모들 외에 다른 부모들은 모두가 먹거리 부스에서 음식 장만에 여념이 없었다. 전국의 부모들이 지역별로 메뉴를 선정해서 음식이 겹치지 않도록 했고 그야말로 산해진미가 한자리에 다 모인다. 아이들은 직업체험 부스를 고르는 것처럼 먹거리 부스를 골라 쿠폰으로 먹고 싶은 음식을 마음껏 사먹었다. 천 원짜리 쿠폰 한 장으로 먹을 수 있는 맛있는 음식이 넘쳐나서 축제의 분위기는 한층 더 흥겨워졌다. 음식 부스에서 모아진 수익금은 학부모 장학회에 기부했고 다시 아이들의 학업을 위해 의미 있는 곳에 쓰였다.

딸아이들이 자신의 관심사를 따라 스스로 부스를 고르고 상기된 표정으로 직업체험 부스를 뛰어다니는 모습이 어릴 적 한국잡월드 안을 뛰어다니던 모습과 겹쳐지면서 진한 감동이 밀려왔다. 전국의 부모들이 학교의 자녀들을 위해서 정성껏 준비한 모든 강연과 실습과 음식들은 그 자체가 사랑의 실체였다. 학교의 진로 페스티벌 현장은 단순히 직업의 종류를 배우는 곳이 아닌 부모님들의 삶의 모습을 배워가는 현장이었다. 아이들은 부모들의 눈빛 속에 드러난 사랑과 열정을 통해 '나'로부터 어떻게 '우리'가 만들어지는지를 배웠고 더 나은 세상을 위해 함께 노력해 가는 삶을 가치를 경험했다.

네팔의
아이들을
가슴에 품고

네팔의 아이들에게 선물해준 꿈

네팔 지역의 어우러히 마을은 힌두교의 카스트 계급 안에 속하지 못하는 가난한 언터처블(untouchable) 2만여 명 정도가 모여 사는 지역이다. 힌두교 특유의 신분제가 자신들을 카스트제도 밖으로 몰아내고 '불가촉'이라는 꼬리표를 달아주었음에도 이 지역의 사람들 대부분은 대대로 힌두교도들이다. 수년 전까지만 해도 기독교인이 단 한 명도 없었다. 힌두교나 이슬람교가 중심인 지역에서 기독교의 선교활동은 별 의미가 없는 일이었다. 전통을 고수하며 하루하루 연명

하는 것 이외에 어떤 외부의 종교도 받아들이지 않았던 이 마을에 한국인 선교사 한 분이 성경을 들고 들어갔다.

가난과 무지로 얼룩진 마을 사람들의 삶은 하루하루가 고된 노동의 연속이었다. 부모들이 일터에 나가고 나면 배고픈 아이들만 남아 거리를 배회했다. 선교사는 마을 사람들과 함께 먹고 생활하면서 그들의 삶 깊숙이 들어갔다. 지역민들의 생계를 위해 딸기 농사를 짓는 방법을 가르쳐주었고 마을 아이들을 위해 학교도 세웠다. 한국인 선교사가 세운 학교는 부모들이 없는 낮에 아이들이 함께 놀며 공부할 수 있는 안식처가 되었다. 조상 대대로 내려온 천민의 굴레를 벗어나게 할 수 있는 유일한 방법은 교육뿐이라고 생각한 선교사는 마을의 다음 세대인 아이들을 먹이고 가르치는 일에 자신의 삶을 바쳤다.

별무리 2기 졸업생 하은이가 네팔의 어우러히 마을 아이들을 처음으로 만난 때는 10학년 겨울방학 때였다. 어린 시절부터 유아교육자를 꿈꾸었던 하은이는 '가치 수업' 시간에 인권을 주제로 하는 그룹스터디에 참여했다. 소외된 아동들의 인권을 조사하고 발표하면서 우리나라뿐만 아니라 전 세계 아동들의 인권이 생각보다 보잘것없다는 사실을 알게 되었다. 새터민 청소년들과 아동들 그리고 다문화 가정 자녀들의 생활을 인터넷으로 조사하고 토론을 준비하면서 문득 고모가 선교사로 계시는 네팔의 어우러히 마을 아이들이 생각났다. '네팔의 아이들에게도 인권이라는 것이 있을까?'라는 생각이 들었고 그때부터 어우러히 마을 아이들의 삶이 궁금해졌다. 그리고 그 아이들을 도울 방법에 대해 친구들과 구체적으로 고민하기 시작했다.

그해 겨울 하은이는 고모의 초청을 받고 친구들과 함께 네팔로 봉사활동을 떠났다. 출국하기 전에 하은이가 친구들과 함께 진행한 작은 프로젝트가 있었다. '너에게 줄게'라는 단기 프로젝트는 전교생들로부터 쓰지 않은 색연필과 크레파스를 모으는 프로젝트였다. 중학교와 고등학교의 각 교실을 돌면서 학생들에게 프로젝트의 목적을 설명했다. 가장 많은 색연필을 모아준 반에는 과자 한 박스를 선물로 주었다. 전교생이 동참했고 덕분에 유치원 때부터 쓰다 남은 각종 크레파스, 색연필, 연필, 사인펜, 지우개, 색종이 등이 한가득 모였다.

친구와 함께 도착한 네팔 어우러히 마을의 첫인상은 버려진 땅처럼 황량했고 생각했던 것보다 훨씬 더 열악했다. 히말라야의 강추위는 두꺼운 패딩도 무색하게 할 만큼 뼛속까지 찬 기운을 몰고 들어왔다. 네팔 공항에서 마을로 들어갈 때까지 버스로 꼬박 하루가 더 걸렸다. 마을에 도착하자마자 가장 먼저 눈에 띈 장면은 얇은 누더기 옷을 입고 맨발로 거리를 걸어 다니는 아이들의 모습이었다. 겨울 외투를 입은 아이들은 거의 없었다. 마을에 사는 어른들은 매일 아침 일찍 일터로 나간다. 아이들이 입고 있는 옷은 대부분 재활용한 옷들이다. 누군가 입다가 버린 옷을 부모들이 주워오는 경우도 많았다. 태어날 때부터 고산지대의 추위에 단련되어 그곳 사람들은 두꺼운 옷이 없어도 추위를 많이 느끼지 않는다고 했지만 오리털 패딩을 입고도 추위에 떨고 있는 자신들과 그곳 아이들의 모습은 너무나 대조적이었다.

도착한 다음 날 학교 친구들이 모아준 색연필과 문구류를 가지고 마을에 있는 학교로 갔다. 학교 아이들 사이에는 특별한 '아트수업'에 대한 소문이 이미 퍼졌다. 5세부터 13세의 마을 아이들이 아침 일찍부터 학교 문 앞에서 기다리고 있었다. 미리 한국에서 가져간 각종 그림도안들과 만들기 재료를 교실에 펼치고 미술 수업을 시작했다. 아이들은 생전 처음 보는 색연필과 사인펜으로 그림도 그리고 악기도 만들었다. 네팔의 전통놀이를 함께하기도 했다.

마을 아이들 모두가 그날 처음으로 색이 다양한 색연필을 봤다. 한국인 고등학생들이 마을학교를 방문한 것도 처음 있는 일이었다. 둘째 날 아침에는 아트수업을 듣기 위해 새벽부터 학교 앞에 50명 정도의 아이들이 줄을 서서 기다렸다. 등에 어린 동생을 업고 온 소녀도 있었다. 교실이 좁아서 30명이 들어가기에도 빠듯한 공간에 50명이 넘는 아이들이 모두 들어와 앉았다. 비좁은 벤치에는 아이들이 한쪽 엉덩이만 걸치고 앉거나 그마저도 자리가 없는 아이들은 서서 그림을 그렸다.

열흘 동안 마을에서 지내며 많은 네팔의 아이들을 만났다. 그림을 그리며 노는 아이들의 얼굴에는 연신 웃음꽃이 피어났다. 어느것 하나 풍족한 것 없는 어려운 환경 속에서도 미소를 잃지 않는 순수한 아이들의 모습을 보며 깊은 감명을 받았다. 그 마을의 아이들은 우리나라의 학생들이 쉽게 말하는 '꿈'이 무엇인지도 모른 채 살아가고 있었다. 자신의 부모들처럼 어른이 되면 또다시 아이들을 집에 두고 일터로 나가야 하는 운명을 그대로 받아들이며 살고 있었다. 한국인 선교사님이 세운 학교에 다니는 아이들은 더 이상 자신들이 언터처블이 아니라는 것을 배운다. 누구든 꿈을 꿀수 있고 꿈을 펼칠 기회를 가질 수 있다는 것도 배운다.

작은 NGO 로뎀나무 프로젝트

하은이는 고모처럼 자신도 네팔의 아이들에게 꿈을 펼칠 기회를 만들어주고 싶었다. 언어가 통하지는 않았지만 그곳에 머물던 열흘 동안 마음을 열고 네팔의 아이들과 몸짓과 웃음으로 대화하면서 사랑을 전했다. 마을 아이들과의 짧은 만남을 뒤로하고 한국에 돌아온 후에는 지속적으로 어우러히 마을 아이들을 후원하기로 결심하고 '작은 NGO 로뎀나무' 프로젝트를 시작했다. 처음에 두 명으로 시작된 로뎀나무는 곧 다섯 명으로 늘어났다.

네팔의 아이들을 떠올릴 때마다 하은이는 처음 도착하던 날 아이들이 입고 있던 허름한 옷이 생각났다. 그때부터 프로젝트 'NGO 로뎀나무'는 어우러히 마을 학교 아이들에게 교복을 후원해주기 위한 기금모금활동을 시작했다. 학교신문과 고등 동아리 잡지에 네팔 아이들의 상황에 대한 글을 기고했다. 컨퍼런스와 총회가 있는 날에는 영상을 제작해서 부모님들에게 로뎀나무의 비전을 설명하고 펀딩을 받았다.

처음에 5세반 아이들의 교복 제작을 목표로 했던 후원프로젝트를 통해 목표 액수를 초과하는 후원금이 모금되었다. 로뎀나무의 고등학생들이 네팔의 아이들에게 선물해주고 싶었던 꿈의 이야기를 듣게 될 날이 가까워지는 시간이었다. 이듬해에는 로뎀나무의 후배들과 두 번째로 어우러히 마을을 방문했다. 학교의 모든 아이들이 교복을 입고 한국의 고등학생들을 반갑게 맞아주었다.

하은이는 고등학교를 다니는 3년간 로뎀나무 NGO 활동을 계속했다. 교복 이외에도 유치원 가방들을 모아 네팔에 보내주는 등 지속적인 후원활동을 했다. 고등학교를 졸업한 이후에는 자신의 꿈을 쫓아 유아교육과에 입학했다. 두 명의 고등학생들의 사랑과 섬김이 아무도 돌아보지 않았던 네팔의 소외된 마을 아이들에게 꿈을 전달해주는 기적을 일으켰다. 성경의 엘리야 선지자가 고난 중에 있을 때 로뎀나무 아래에서 위로와 쉼을 얻었던 것처럼 소외된 이 세상의 많은 어린 아이들이 로뎀나무를 통해 위로와 평안을 얻을 수 있기를 소망하며 지금도 로뎀나무 프로젝트는 후배들에 의해 계속 진행 중이다.

로고스호프에 승선하는 아이들

세계 최대의 선상 서점, 로고스호프

전 세계 60여 개국의 400여 명의 젊은 청년이 아시아, 아프리카, 유럽, 그리고 중동지역의 수많은 항구를 돌아다니며 봉사와 선교활동을 하는 배가 있다. 오엠선교단체의 로고스호프(Logos Hope)는 50만 권의 도서를 보유한 세계 최대 선상 서점이다. 로고스호프가 항구에 정착하면 지역민들에게 배를 오픈하고 문화와 소식들을 교류한다. 배 안에는 서점뿐만 아니라 카페, 레스토랑, 공연장, 숙소, 헬스클럽, 의료시설 등 웬만한 시설을 모두 갖추고 있어서 배의 내부가 마치 작은 마을과도 같다.

별무리의 1기 졸업생 찬민이는 고등학교를 졸업할 무렵 대학 진학을 잠시 미루고 2년간 전 세계를 여행하며 로고스호프에서 봉사활동을 하기로 결심했다. 배가 정박하는 곳은 영어와 스페인어를 주로 사용하는 국가들이었기 때문에 새로운 언어와 문화를 먼저 공부했다. 미국 사우스캐롤라이나주에 있는 플로렌스에는 선교회 센터가 있어서 그곳에서 로고스호프에 지원한 청년들이 모여 선교훈련을 받고 영어 공부도 했다.

넓은 들판과 나무들이 무성한 플로렌스 시골마을에 있는 숙소에서 한국인 4명과 그 외 다양한 나라에서 온 자원봉사자들이 함께 생활했다. 처음에는 식사를 비롯한 모든 것을 스스로 해야 하는 것이 익숙하지 않았고 불편했지만 차츰 동료들과 함께하는 생활에 적응해나갔다. 로고스호프에 승선하기 전 플로렌스에서의 훈련 기간은 언어와 문화뿐만 아니라 서로 다른 배경의 사람들과 소통하는 법을 배우는 과정이었다. 배가 정박하는 각 지역의 문화적 특성들에 대해서도 미리 공부했고 특히 선상 생활의 어려움과 안전에 대해서도 철저히 교육받았다. 비록 2주간의 짧은 훈련 기간이지만 동료 자원봉사자들과 함께 많은 것을 배울 수 있는 소중한 경험이었다.

2주간의 훈련 기간이 끝나고 드디어 실제로 항해가 시작되었다. 준비 기간 동안 영어와 스페인어 공부를 열심히 했지만 외국인들과 소통하는 일은 쉽지 않았다. 대화 도중에 자신의 생각을 자세히 표현할 수 없어서 답답했던 적이 한두 번이 아니었다. 육지가 아닌 배 위에서 생활하는 것 또한 쉬운 일이 아니었다. 하루하루 적응해 가는 데 시간이 걸렸고 매일 바쁘고 정신없는 일정을 소화하다 보면 어느새 하루가 다 지나갔다. 배 위에서는 교육받는 시간을 제외하고는 어느 누구도 간섭하거나 챙겨주는 사람이 없었다. 오로지 혼자서 모든 상황을 다루어야 했다. 고된 일정으로 힘들고 지치는 날이면 전 세계의 다양한 친구들과 대화하면서 그들이 살아가는 모습을 통해 힘을 얻기도 했다. 무엇보다 한국에서 자신을 위해 기도해주는 가족들과 공동체를 생각하면서 힘든 시간들을 이겨냈다.

미국의 플로렌스에서 훈련 기간을 마친 직후 배 위에서 해야 할 일을 정하는 잡인터뷰가 있었다. 찬민이가 처음으로 선택한 일은 선상 카페의 일이었다. 카페에서는 아이스크림이나 음료 등을 만드는 법을 배웠고 다른 자원봉사자들과 친구가 되거나 지역민들을 만날 수 있는 더 없이 좋은 장소였다. 배가 항구에 정착하는 날에는 생각보다 정말 많은 사람이 카페로 들어왔다. 어떤 날은 항구를 통해 하루에 천 명 이상이 카페를 방문한 적도 있었다. 그런 날에는 하루 온종일 음료를 만드느라 정신이 없었고 일을 마치고 저녁시간이 되면 말할 수 없을 정도로 피곤했다. 일은 고된 편이었지만 카페 공동체는 비교적 작은 규모라서 처음에 언어를 배우기에 좋은 일터였다.

카페에서 일정 기간 일을 마친 후 그다음으로 지원한 일은 서점 일이었다. 세계 최대의 선상 서점이라는 명칭에 걸맞게 로고스호프의 서점 안에는 50만 권 정도의 장서를 보유하고 있다. 그 규모만큼 이나 서점에서는 할 일도 많았고 함께 일하는 사람도 많았다. 그곳에서 찬민이는 주로 책 정리, 포장 등의 일을 맡아서 했다. 배가 항구에 정박하면 지역민들이 서점으로 들어와 그곳에서 책을 읽거나 사기도 하고 서로의 문화를 교류하기도 했다.

일하는 시간을 제외하고는 배 위에서의 하루 일정은 비교적 단순했다. 아침 일찍 일어나면 가장 먼저 강당에 모여 함께 예배를 드리고 묵상의 시간을 가졌다. 오전 일과가 마무리 되면 점심 식사를 하는데 점심 메뉴는 주로 식빵, 햄, 치즈, 샐러드로 항상 비슷했다. 한국의 음식이 그리웠고 매일 같은 음식을 먹어야 하는 것이 힘들긴 했지만 그래도 점심때 외국인 친구들과 샌드위치를 먹으며 이야기하는 시간은 하루 중 가장 즐거운 시간이었다. 점심 식사 이후에는 각자의 일자리로 가서 서너 시간 더 일을 했다. 오후 5시 이후가 되면 각자 자유롭게 시간을 보낼 수 있었다. 그 시간에는 가족들에게 편지도 쓰고 책도 읽고 언어 공부도 했다.

서툴렀던 영어도 계속해서 쓰다 보니 어느새 익숙해지고 자연스러워졌다. 전세계 다양한 국가에서 온 사람들의 온갖 영어 발음을 비교해 보는 일도 매우 흥미로웠다. 영국, 프랑스, 인도, 독일, 한국, 미국이 각각 특유의 영어발음을 가지고 있었고 억양이 다양했지만 의사소통에 문제가 되지는 않았다. 배가 각 나라의 항구에 정착할 때마다 펼쳐지는 새로운 경험은 언제나 놀라운 것들이었다. 현지인들을 통해 매순간 새로운 문화와 넓은 세상을 배웠고 남을 위해 봉사하고 섬기는 삶의 소중한 가치를 알게 되었다.

비록 짧은 시간이었지만 로고스호프에서 현지인들과 함께한 다양한 이벤트와 삶의 이야기를 나누었던 소중한 경험은 평생 잊지 못할 강렬한 기억으로 마음에 새겨졌다. 배 위에서의 일상은 늘 마지막인 것처럼 아쉬움으로 남았고 그래서 더욱 소중하게 여겨졌다. 로고스호프 승선을 준비하던 시간부터 마지막 항구 정착지인 남미의 브라질에 이르기까지 2년이라는 시간 동안 찬민이는 가족들뿐만 아니라 학교 선생님들과 후배들에게도 지속적으로 편지를 보내주었다. 평생 잊을 수 없는 2년간의 특별한 경험은 브라질의 산토스 항구와 북쪽에 위치한 아마존에서 정착하는 것으로 마무리되었다.

하선은 새로운 시작으로

마지막 정착지였던 아마존지역에서는 한 달 동안 현지 봉사활동을 했다. 책이나 TV에서만 보던 아마존 원주민들과 수상가옥 보트에서 한 달 동안 먹고 자면서 그들의 삶 깊은 곳까지 들어갈 수 있었고 서로를 알아가며 삶을 나누었다. 현대 문명의 영향이 전혀 미치지 않은 그곳에서는 음식, 잠자리, 화장실, 벌레, 날씨, 언어 등 모든 것이 불편했고 살이 쭉쭉 빠질 정도로 힘들었지만 투박하면서도 진솔했던 그들만의 삶에 방식과 진심어린 마음에 감동을 받기도 했다.

찬민이의 2년간의 특별한 여정이 담긴 편지를 읽으며 감동하고 함께 기도하던 생각을 하면 지금도 가슴이 뜨거워진다. 자신의 소명과 비전을 찾아 남들이 가지 않는 길 위에서 소외된 사람들을 위해 자신의 가장 아름다운 젊음의 한때를 보내는 모습이 한없이 귀하게 여겨진다.

최근의 찬민이 소식이 궁금해 부모님께 연락을 드렸다. 로고스호프 봉사활동을 마치고 귀국 이후에 다시 모로코로 일 년간 선교를 다녀왔다는 소식을 전해들었다. 찬민이에 이어 2022년 졸업생 중 한 명이 대학 입학을 보류하고 전 세계의 사람들을 만나기 위해 로고스호프 승선을 준비하고 있다. 또 한 명의 졸업생은 니카라과 지역에 가서 일 년간 현지 학교의 아이들을 가르치며 봉사하고 있다.

산골 마을의
프랑스 빵집,
이든 베이커리

간식 황무지에 열린 프랑스 빵집

산꼭대기 마을에 위치한 별무리학교 근처에는 편의점이나 마트가 한군데도 없었다. 학교 급식실에서 제공해주는 하루 세 번의 식사와 간식 외에는 개인 간식도 먹을 수 없다. 간식이 자유롭게 허용되면 아이들이 밥을 제대로 먹지 않는 일이 빈번해지므로 건강을 위해서라도 개인적인 간식은 먹지 못하게 했다.

평소에 주전부리를 하지 않던 아이들은 별 상관이 없겠지만 컵라면이나 아이스크림 같은 간식을 입에 달고 살던 아이들에게는 뚜렷하게 간식 금단 현상이 나타난다. 꼭 배가 고픈 게 아니어도 심리적인 허기를 자주 느낀다. 금단현상의 첫 번째 증상으로는 마을에서 구할 수 있는 먹거리를 최대한 이용하는 것이다. 아카시아 나무의 꽃잎을 따먹기도 하고 마을의 어느 집 마당에 열린 시큼한 보리수 열매를 먹기도 했다. 초여름에는 점심시간에 친구들이랑 학교 앞 언덕위에서 산딸기를 따와서 먹는 아이도 있었다.

두 번째 증상은 학교에서 허용되는 음식을 최대한 많이 먹는 것이다. 비타민이나 유산균 종류 중에서 제한적으로 학교에 가져갈 수 있는 것이 있는데 아이들은 주로 곰돌이 모양의 젤리 비타민이나 달달한 유산균을 꼭 챙겨가서 과자처럼 먹었다. 그중에는 몰래 가방 안에 간식을 숨겨가는 친구도 있었다. 기숙사 사감 선생님한테 금세 들통이 나서 압수당하는데도 과감한 시도를 하는 아이들은 항상 나왔다. 세 번째 증상은 주중에 먹고 싶었던 과자 리스트를 적어두고 주말에 집에 와서 실컷 먹고 가는 것이다.

특히 중학생들에게 간식 문제는 언제나 뜨거운 관심사였다. 학생자치회 시간에는 우유에 타먹는 초코가루를 허용해 달라는 아이들의 요구가 끊이질 않았다. 집에서는 잘 먹지도 않는 초코가루가 중학생들의 자치회 시간에 가장 중요한 이슈가 되었다.

간식 때문에 진지했던 그때의 기억을 떠올리면 지금도 딸아이들은 웃음이 터져나오는 모양이다. 집에서 몰래 가져간 간식을 사감선생님에게 들키지 않으려고 기발한 장소에 숨기던 추억들과 친구랑 몰래 간식을 먹다가 들통 나서 동네 한 바퀴를 걷는 벌칙을 받았던 이야기들을 하면서 그렇게 즐거워할 수가 없다. 간식이 없었던 기숙학교 생활 중에 간식 때문에 재미있었던 추억이 많은 걸 보면 의도적인 결핍의 환경이 오히려 아이들에게 소중하고 아름다운 기억을 선물로 남겨준 것 같다.

그렇게 여러 해가 지나갔고 산골 마을에도 엄청난 변화가 생겼다. 고등창업 동아리에서 매점협동조합을 운영하기 시작한 것이다. 아이들은 이제 정해진 시간에 매점을 이용할 수 있게 되었다. 학교 매점에서는 유기농 먹거리와 건강한 간식들을 사먹을 수 있었다. 지금은 예전처럼 간식에 대한 굶주림이나 허기짐은 덜하다. 산딸기나 보리수의 추억은 이제 오래전 선배들의 이야기로 남아 있다. 2022년에는 2기 졸업생 프랑스 제과제빵사가 운영하는 베이커리 카페가 마을에 생겼다.

이 얼마나 멋진 일인가. 오픈식 날에 마을에 작은 축제가 열렸다. 선배의 베이커리 개업을 축하하며 재학생 후배들의 축하공연이 한창이었다. 기타 반주에 맞춰 노래도 하고 학교의 오케스트라팀의 연주까지 곁들여졌다. 마을 사람들도 작은 음악회가 열리는 베이커리 카페 앞마당에 모였다. 달콤하고 신선한 빵 냄새가 여름밤 야외 음악회의 선율을 타고 온 마을에 퍼져나갔다. 고소한 소금빵과 달달한 마들렌 향기가 또다시 잊지 못할 기억으로 남을 것이다.

시골 빵집에서 꿈을 구워내는 소녀

세은이는 별무리학교를 졸업하고 요리학교에 입학했다. 대학의 심화된 실습과정과 외국인 교수들의 수업이 처음에는 버겁기만 했다. 동기 대부분이 특성화 조리고등학교 출신이거나 어릴 때부터 요리를 했던 친구들이었기 때문에 자신이 마치 프로들 사이에 있는 아마추어 같았다. 전체 학생수가 400명이 넘는 조리학과에서 검정고시 출신은 자신뿐이었다.

그러나 그런 것들이 전혀 문제가 되지는 않았다. 세은이의 대학생활은 누구보다 적극적이고 주도적이었다. 하루 평균 6시간가량의 조리 실습을 하고 거기에다 교양 수업까지 듣다 보면 몸이 두 개라도 모자랄 정도였다. 남들보다 늦게 시작한 만큼 하루하루 최선을 다해 요리를 배웠다. 무엇보다 자신이 선택한 일에 책임을 다하고 싶었다.

대학에서의 학습도 주로 프로젝트 형식으로 진행되었다. 한번은 '세계 음식과 문화'라는 수업시간에 각 나라의 식문화를 조사하고 발표하는데 인도의 식문화를 자신 있게 연구하려는 학생이 단 한 명도 없었다. 9학년 때 8개월간 인도 이동수업을 하며 그 나라의 음식과 문화를 직접 접하고 살았던 경험이 빛을 발하는 순간이었다. 교수님 앞에서 번쩍 손을 들고 인도의 음식문화를 발표하겠다고 했다. 다른 학생들이 인터넷의 정보를 찾아 외국의 식문화를 연구하고 조사하는 동안 세은이는 자신이 경험한 인도의 음식 문화와 직접 찍은 사진들을 함께 정리했다.

　프레젠테이션을 준비할 때부터 마음속에 설렘이 계속되었다. 경험으로부터 우러나온 인도의 문화와 음식 연구는 특별할 수밖에 없었다. 인도의 길거리에서 짜이를 사먹던 일상과 거리의 상인들로부터 열대과일을 사던 주말 풍경 그리고 인도의 현지 음식점에서 친구들과 외식하던 특별한 날의 기억을 모두 되살렸다. 특히 어학원 원어민 선생님의 전통 힌두 혼례식에서 경험했던 강한 향신료의 다채롭고 화려한 음식 사진들까지 세은이의 발표 내용이 풍성했다. 다른 학생들이 발표할 때 고개를 숙이거나 휴대폰만 보고 있던 친구들이 세은이의 발표가 시작되자 하나둘 고개를 들기 시작했다.

　대안학교를 다니면서 남들과 다른 다양한 경험을 했던 것이 자신에게 큰 강점이 된다는 사실을 그때 알았다. 대학에서는 유명 조리학과답게 해마다 최고의 팀을 선정해 해외 음식문화를 탐방하는 프로젝트팀을 지원해주었다. 워낙 학생들에게 인기가 많은 지원 프로그램이라 경쟁률이 엄청났다. 프로젝트의 기획과 목적 그리고 팀워크까지 완벽한 팀에게 주어지는 특별한 기회였다. 고등학교에서도 주로 프로젝트 학습을 진행했던 세은이는 프로젝트를 기획하는 일이 익숙했다. 친구들 네 명과 팀을 이루었고 결국 최종 선발팀에 선정되었다. 열흘 동안 그리스로 떠나는 음식문화 여행에서는 그릭 푸드에 대한 값진 경험과 배움을 얻어올 수 있었다.

대학에서 공부하고 싶었던 요리를 배우고 프랑스 제과 제빵사 자격증까지 취득한 후에 세은이는 모교에 있는 마을에 베이커리를 오픈하기로 마음먹었다. 마을과 학교 공동체에 세은이의 베이커리는 단순한 빵집 그 이상의 의미가 되는 장소이다. 매점 협동조합이 생기기 이전까지만 해도 간식 황무지였던 마을은 이제 프랑스 빵집이 있는 마을로 거듭났다. 과자봉지 하나 구경하기 힘들었던 초창기 마을 학교에서 아카시아 꽃잎을 따먹으며 달달한 간식을 갈망했던 아이가 졸업 후에 베이커리를 열고 후배들에게 고급진 간식을 제공해 주고 있다.

꿈과 비전을 향해 노력하는 선배의 삶의 모습이 후배들에게는 어떤 의미로 다가갈지 정확히 알 수는 없다. 그러나 무한한 가능성의 문을 스스로 열고 지금의 모습에 자신을 가두지 않는 도전 정신은 분명 후배들에게 좋은 본보기가 될 것이다. 현재는 고등학교 교육연구소에서 진행하는 갭이어 프로그램에 신청하는 아이들 중에 베이커리에서 인턴을 하는 아이들도 있다.

학교 연구소와 산학협력사업을 통한 금산군의 지원을 받고 베이커리는 더욱 든든하게 자리를 잡아가고 있다. 며칠 전 교사 학부모 컨퍼런스가 있던 날 카페 안에서 분주하게 빵을 굽고 커피를 내리던 아이들의 모습이 떠오른다. 주문이 밀려서 엄마 아빠들까지 동원해서 함께 커피를 나르던 카페안의 풍경이 그날따라 더 따뜻하고 정겨웠다.

선생님,
별무리 대학교도
만들어주세요

청소년들을 위한 대안 공동체가 있었으면 하는 바람

별무리학교를 다니며 두 딸아이가 자신을 있는 그대로 사랑하고 스스로 꿈을 찾아가는 모습을 곁에서 지켜보면서, 별무리의 아이들이 계속해서 자신의 길을 찾아갈 수 있도록 지원하는 대안 대학이 있으면 좋겠다는 바람이 생겼다. 대안학교를 졸업하는 대부분의 아이들이 공립학교 아이들처럼 일반 대학에 들어가는 모습을 보면서 한편으로는 아쉬웠다. 자신의 인생에 대해 어느 때보다 치열하게 고민하고 다양한 경험을 해야 할 청춘들이 대학에서 시험공부하고 스펙 쌓고 취업 준비하면서 4년이라는 시간을 보내는 모습이 어떤 면에서는 입시 준비에 여념이 없는 고등학생과 별반 다를 것이 없어 보였다.

무엇보다 대안학교를 졸업한 아이들이 선택할 수 있는 다음 배움터가 대학 말고는 다양하지 않다는 사실이 아쉬웠다. 대안학교를 졸업하고 더 넓은 세상을 향하는 20대 청년들을 위한 대안 공동체로서의 교육기관이 필요하다는 생각이 들었다. 그러나 대안 대학 설립에 대한 막연한 바람을 품고 있는 학부모들과 아이들도 다음 배움터로서 일반 대학교를 선택할 수밖에 없는 게 현실이다. 이런 제도적 현실이 교육의 다양성 추구를 어렵게 만드는 것도 사실이다.

딸아이들이 책을 좋아하니 별무리 고등학교를 졸업하고 일 년 정도는 인문고전 독서에 심취하는 시간을 가지면 어떨지 생각해보기도 했다. 혹은 농사일을 배우거나 한옥을 짓는 것과 같은 전문적인 지식을 습득하는 것도 좋을 것 같았다. 전 세계를 여행하며 봉사활동을 하는 것도 이때가 아니면 언제 해볼까 싶은 생각도 했다.

대학 입학을 잠시 미루고 일정 기간 다른 길을 선택해서 배우기로 마음먹는다면 방법은 여러 가지가 있을 것이다. 그런 의미에서 고등학교를 졸업하고 배움의 공동체 안에서 좀 더 넓은 시야를 가질 수 있도록 도와주는 대안 대학의 설립을 바라게 된다.

물론 아이들이 각자의 진로가 구체화된 이후에 대학에서 공부하고 경쟁력을 갖추는 일은 매우 바람직하고 권장해야 될 일이다. 그런데 대학 졸업의 목적이 어느새 취업에만 집중되다 보니 청년들이 자신의 삶에 대해 폭넓게 생각할 여유를 가지지 못하는 현실이다. 요즘 대학생들 사이에는 졸업 전에 1~2년 휴학하는 게 대세라고 한다. 여행, 독서, 봉사활동을 위한 휴학이라기보다는 졸업과 동시에 '취준생'이라는 타이틀이 주는 중압감 때문에 졸업 시기를 늦추는 목적의 휴학이 많다. 대학생들 사이에도 예전처럼 배낭여행을 하거나 특별한 독서의 기간을 갖는 등의 낭만은 찾아보기 힘들어졌다.

대안 대학이 생겼으면 좋겠다는 바람은 나 혼자만 품은 생각이 아니었다. 대안 학교에 자녀를 보낸 많은 학부모가 비슷한 바람을 품고 있었다. 몇 해 전 블로그에 미네르바 대학에 대해 조사해서 글을 올린 적이 있다. 미네르바대학이나 몬드라곤대학과 같은 창업대학도 기존 대학의 문제점을 보완한 일종의 대안 대학의 형태라고 볼 수 있다. 블로그의 다른 글의 조회수가 100회 정도였던 반면 그 글은 순식간에 조회수가 3000회 가까이 되었다. 그만큼 많은 부모가 미래의 대학 교육에 대해 관심을 가지고 고민하고 있다는 증거이다.

레인 제주 별무리

최근에 아주 반가운 소식을 듣게 되었다. 별무리학교의 초대 교장선생님이 퇴임 이후에 제주도에 대안 대학을 세우고 계신다는 소식이다. 2024년 9월에 개교를 앞두고 있는 이 대학의 명칭은 '레인 제주 별무리'이다. 스페인 몬드라곤 대학과 연계되어 몬드라곤의 졸업장과 학사학위가 나오는 정식 대학 과정이다.

 레인 제주 별무리의 특별한 점은 학생들이 강의실에서 교수의 강의를 듣는 대신 팀컴퍼니(Team Company)를 설립하고 기업이나 전문가와의 협업을 통해 직접 현장에서 기업 활동을 하게 된다는 점이다. 실제로 학생들은 대학 4년 동안 법인을 설립하고 운영하면서 매출을 올려야 하고 팀 단위의 성장과 결과를 함께 공유하며 경영을 배운다. 글로벌 환경에서 팀기업 활동을 해야 하므로 영어는 필수이고 해마다 1-2개월간 전세계로 학습여행(Learning Journey)도 떠난다. 4학년 8학기제로 운영되는 이 대학은 기독교 정신을 바탕으로 학교의 교육철학에 동의하는 고등학교 졸업자(예정자)면 지원이 가능하다.

 창업 대학이라는 특수성을 가지고 있긴 하지만 학교의 교육철학과 설립의 배경은 지금의 별무리학교와 동일한 철학과 이념을 가지고 있는 대안 대학교이다. 레인 제주 별무리 대학이 앞으로 어떤 모습으로 우리나라의 교육계에 영향력이 될지는 아직 알 수 없지만 설립준비팀의 치열한 고민과 헌신의 발자국을 카카오채널 레터를 통해 매주 읽으면서 앞으로의 대학교육의 위대한 변화를 꿈꾸고 기대하게 된다.

 레인 제주 별무리는 그동안 대안학교의 학부모들이 기다리던 다음 배움터의 시작을 여는 곳이기도 하다. 10여년 전에 별무리학교가 설립되고 지금까지 많은 사람에게 교육의 희망이 되어온 것처럼 레인 제주 별무리 대학이 교육계에 선한 영향력이 되고 수많은 인재들이 교육공동체를 통해 세상을 변화시켜가기를 바라는 마음이다.

4장

아이의 배움에 참여하는 부모

"엄마 아빠랑 함께하니 좋아요"

대안학교 학부모로 10년간 살아보니

아이들이 성장한 만큼 부모로서 성숙한 시간

공교육의 울타리를 넘어 남들과 다른 길을 걷다 보면 같은 생각을 가진 공동체가 더욱 소중해진다. 특히나 교육에 있어서만큼은 사회적 합의가 매우 보편적인 우리나라에서 교육의 비주류인 대안교육에 대한 신념과 철학을 지켜나가는 일이 쉽지만은 않았다. 공교육을 벗어나기로 선택하는 순간 아이가 어떤 문제를 가지고 있을 것이라는 사회적 편견과 시선도 감내해야 했다.

지금은 그나마 대안학교에 대한 인식이 많이 바뀌었지만 10년 전에 첫째아이를 대안학교에 보낸다고 했을 때 공립학교의 담임선생님으로부터 가장 먼저 들었던 말은 "아이에게 어떤 문제가 있나요?"라는 질문이었다. 공립학교를 다니지 않는 것이 곧 아이의 문제로 인식이 되는 교육 문화 속에서 대안학교의 학부모들은 교육의 다양성을 추구하고 자녀에게 맞는 양질의 교육을 찾기 위해 노력했다.

지난 10년간 두 딸들에게 대안교육을 시켜오면서 나름의 고집을 지켜오는 데 가장 힘이 된 것은 함께하는 부모 공동체였다. 매월 또는 격월로 학부모들이 한자리에 모여서 학교 소식을 나누며 교육에 대한 고민을 공유했다. 이 길이 결코 혼자 걷는 길이 아닌 것을 확인하는 것만으로도 용기를 낼 수 있었다. 전국에서 찾아오는 학교인 만큼 부모들이 자주 모임을 가질 수는 없었지만 지역별 모임이나 학년별 모임에 꾸준히 참석했고 밴드를 통해 부모들과 부지런히 소통했다.

학교에는 부모의 교육 참여 기회가 많다. 지역별 부모기도회와 학부모 운영위원회는 학교의 전반적인 운영과정을 자세히 들을 수 있는 통로가 되었다. 학부모 장학회나 진로 특강 강연회와 같이 아이들에게 직접적인 도움을 줄 수 있는 기회도 열려 있었고 학교잡지의 학부모 편집위원으로 활동하거나 축제전야에 전교생에게 바비큐 파티를 열어주는 부모도 있었다. 해마다 총회와 컨퍼런스가 열리는 날에는 전체 학부모와 교사들이 학교 강당에 모여 학교의 철학을 공유하고 자녀양육에 도움이 되는 강연을 들었다.

학교에서 운영하는 학부모 학점제를 통해 다양한 교육프로그램에 참여하는 동안 부모로서 성장할 수 있는 많은 기회도 얻을 수 있었다. 대안학교에 아이들을 보내는 동안 아이들이 성장하는 모습을 보아온 것은 무엇보다 귀한 경험이었는데, 아이들과 함께 성장해온 내 자신을 돌아보면 그 또한 선물과도 같은 시간이었다. 짧지 않은 시간 동안 어려움과 난관도 있었지만 그때마다 교육은 지속하는 힘에서 비롯된다는 믿음을 잃지 않으려고 했고 처음 가졌던 마음을 기억하기 위해 노력해왔다.

모든 아이에게 다 좋은 교육은 어디에도 존재하지 않는다. 그렇기 때문에 내 자녀에게 맞는 올바른 교육의 방향 설정을 하는 것이 더욱 중요한 때이다. 남들이 세워놓은 기준에 맞추기보다는 가치 있는 교육에 뿌리는 내리고 중심을 지켜온 것이 결국 아이들을 성장하게 한 원동력이 되었던 것 같다.

한 발짝 물러서서 기다리는 용기

자녀 양육의 가장 어려운 난관은 아마도 아이를 있는 그대로 인정해주고 기다려주는 일일 것이다. 부모는 아이가 성장할수록 자신도 모르는 사이에 마음속에 여러 가지 '바람'을 갖게 된다. 내 자식만큼은 나처럼 힘들게 살지 않았으면 좋겠다는 바람, 이왕이면 좋은 대학 나와서 번듯한 직장을 얻었으면 하는 바람, 꼭 물질적인 바람이 아니더라도 어떤 상황에서든 자존감을 잃지 않고 다시 일어설 수 있는 사람으로 성장했으면 하는 바람, 자신의 삶에 책임을 다 할 수 있는 사람이 되면 좋겠다는 바람까지 모든 바람은 자녀를 향한 부모의 마음일 것이다.

그러나 옛말에 부모가 자식에게 바라는 게 없으면 자식이 효자가 된다는 말이 있을 정도로 부모는 자녀에 대한 이런 바람을 모두 내려놓을수록 좋다. 자녀에 대한 모든 기대를 버리고 포기하라는 의미가 아니라 아이를 있는 그대로의 모습으로 인정해주고 기다려주기 위해 부모의 욕심을 내려놓아야 한다는 뜻이다.

사실 이것만큼 어려운 일도 없지만 바람과 욕심을 내려놓을수록 부모자녀 관계가 온전히 회복되고 자유롭게 되는 경험을 했다. 인내와 기다림은 내가 지난 10년간 아이들을 대안학교에 보내면서 가장 많이 훈련한 부분이기도 하다. 한 가지 바람을 내려놓았다고 생각하는 순간 그 자리에 더 큰 바람이 생겨나는 것을 보면서 많은 시행착오와 좌절을 맛보기도 했다

아이들이 성장해가는 동안 위기와 갈등의 상황은 언제나 예고 없이 다가왔다. 가정에서 비롯되는 문제, 학교와 친구관계 속에서 비롯되는 문제 그리고 성장과정에 겪게 되는 다양한 문제가 아이를 아프고 힘들게 할 때마다 역경의 시간을 지나는 아이보다 오히려 부모인 나에게 용기가 필요했다. 아이들이 실망하고 넘어지는 모습

을 묵묵히 지켜보며 요동하지 않을 용기, 아이가 고통을 최대한 피해갈 수 있도록 미리 피할 길을 마련해주지 않을 용기, 아이의 실패가 마치 나의 실패인 것처럼 고통스러워하지 않을 용기가 무엇보다 필요했다.

아이들을 진정으로 사랑하는 방법은 행복과 안락한 삶을 선사하기보다는 고난에 정면으로 마주하도록 한발짝 물러서서 지켜보고 기다리는 것임을 깨닫게 해준 것은 바로 세상을 다 주고도 바꾸지 못할 귀한 나의 귀한 두 딸이다. 둘째아이의 이야기를 잠깐 해보려고 한다. 날 때부터 성정이 부드럽고 섬세했던 아이가 초등학교 5학년부터 8년 동안이나 기숙학교에서 생활하는 것이 쉬운 일은 아니었다. 어릴 때부터 겁도 많아서 어디를 가든 엄마 손을 꼭 붙잡고 다녔고 예민한 마음결 때문에 홀홀 털어버릴 수 있는 별것 아닌 일에도 마음 쓰는 일이 많았다.

예민한 아이를 키워본 부모들은 알겠지만 이런 아이들은 성격이 무던한 아이들보다 몇 배는 더 육아 에너지가 들어간다. 대안학교의 기숙사에서 생활하다 보면 친구들과 24시간을 함께 지내야 해서 친구관계가 무엇보다 중요했다. 친했던 친구랑 틀어지기라도 하는 날에는 공부나 다른 학교생활에 집중을 못했고 다른 아이들보다 스트레스를 더 많이 받았다. 9학년에 8개월간 인도에 가 있는 동안에도 집 떠난 그리움이 유독 크게 나타났다. 아이가 힘들어하는 모습을 볼 때마다 기숙형 대안학교가 이런 아이에게도 과연 좋은 교육환경일까라는 생각이 들기도 했다.

둘째아이가 고등학교를 졸업할 무렵에 아이에게 "엄마가 너를 너무 일찍부터 기숙학교로 보낸 건 아닐까? 좀더 엄마랑 많은 시간을 보내는 게 더 낫지 않았을까?"라고 물어본 적이 있다. 쉽지 않았던 환경 속에서 스스로 단단해지기 위해 애써온 아이가 그동안의 어려움을 이야기할 줄 알았는데 의외의 대답이 돌아왔다. 자신이 그런 환경에 있었기 때문에 더 성장할 수 있었고 지금도 잘 살아가고 있다는 말이었다. 그리고 좋은 학교를 다닐 수 있게 해줘서 고맙다는 말도 덧붙였다. 아이가 그동안 자신이 걸어온 길을 긍정하고 감사하는 사람으로 성장하게 해준 지난날이 감동으로 돌아왔다.

아이들을 대안학교에 보내고 키우면서 '기다림'에 대한 생각을 많이 했다. 자녀를 기다린다는 것은 자녀의 있는 그대로의 모습을 받아들이고 사랑하는 것이다. 그리고 그 기다림은 끊임없이 계속되어야 한다. 둘째아이는 지난 8년 동안 부모의 바람대로 변해왔다기보다는 자신의 본래 모습을 존중하고 받아들일 줄 아는 사람으로 성장했다. 내면의 섬세함으로 자신뿐만 아니라 다른 사람의 감정도 이해하고 공감할 줄 알게 되었다. 내가 만일 아이의 섬세한 기질을 고쳐주려고만 했다면 아이가 가진 고유한 성정을 강점으로 발견하지 못했을지도 모른다. 자녀의 모든 것을 포용하고 끝까지 사랑하는 것 그것이 앞으로도 내가 부모로서 살아가게 될 삶의 모습이 될 것이다.

대학은 천천히 가도 돼, 하고 싶은 것 다 하면서 살렴

부모의 참여를 끌어내는 학부모 학점제

산속 마을은 언제나 모든 계절이 일찍 도착했다. 봄이 되면 학교로 올라가는 산길 주변으로 연둣빛 풀향기가 가득했고 아직 늦겨울 같은 날씨에도 양지에는 개나리 꽃나무 봉오리가 이미 피어날 준비를 하고 있었다. 이름 모를 들꽃이 옹기종기 자리 잡은 언덕위에는 학교 아이들의 웃음소리가 배어 있었고 이따금 학교에 방문할 때면 밝은 얼굴로 달려와 처음 보는 누구에게라도 인사하는 아이들의 모습이 밝고 명랑해서 보는 것만으로도 기분이 맑아지는 것 같다.

두 딸아이의 별무리학교에서의 생활은 행복한 나날의 연속이었다. 아이들에게 학교는 언제나 즐거운 장소였고 하루라도 빨리 가고 싶은 곳이었다. 아침 독서 시간에는 읽고 싶은 책을 골라 읽었고 양육선생님과 대화하는 시간에는 아이들 나름의 고민과 생각들을 선생님 앞에서 털어놓기도 했다. 아이들은 그 시간에 부모에게도 말하기 어려운 마음속 이야기들을 친구들과 나누었고 서로 다른 생각들을 비교해보기도 했다. 독서와 대화로 하루를 시작했다면 일기와 저널 쓰기로 하루를 마무리했다.

  매주 월요일 저녁활동 시간에는 중학생 반 아이들이 다 함께 다큐나 영화를 함께 감상했다. 선생님들은 미리 선정한 작품들을 아이들에게 보여주었고 밴드를 통해 부모들에게도 공유해주었다. 부모들은 자녀교육 필독서나 다큐들을 보면서 자녀양육에 대한 도움을 받기도 하고 주말에 아이들과 영화 내용으로 대화하기도 했다. 학교에서는 정기적으로 부모 교육을 위한 필독서나 다큐멘터리 영화 등을 추천해주었고 컨퍼런스나 강연회를 통해 올바른 자녀교육에 대한 생각들을 공유하고 배울 수 있는 기회가 많았다. 자녀에게 부모의 역할이 얼마나 중요한지 깨닫기 시작한 것도 추천도서들을 통해서였다.

  아무리 좋은 교육기관과 교사들이 있는 교육환경이라고 하더라도 아이들의 심리와 성장의 가장 중요한 밑바탕은 가정에서부터 비롯된다. 학교는 이런 가치를 바탕으로 여러 가지 부모 교육 프로그램을 제공했고 많은 부모가 적극적으로 배우고 실천하기 위해 노력했다.

학교에서는 '학부모 학점제'라는 제도를 운영했는데 이것은 아이들이 재학 중에 부모들이 받는 학점제이다. 일 년에 한 가정당 약 50학점을 채워야 패스를 받을 수 있다. 컨퍼런스 등의 행사에 참여하면 5학점을 받을 수 있으니 50학점을 채우려면 부모의 교육의 참여가 어느 정도 이루어져야 한다. 부모의 점수는 P(pass)와 F(fail)로 구분하여 자녀들의 생활기록부에도 기록이 남기 때문에 반드시 이수해야 한다. 학부모 학점 이수 목록은 봉사활동, 컨퍼런스와 총회 참여, 강연을 통한 재능기부 등이 있고 이외에도 독서나 서평쓰기 등이 포함되어 있다.

아이들이 대안학교의 생활에 잘 적응하고 무엇보다 안정감을 느끼며 공부하는 데 부모의 참여가 매우 중요한 역할을 한다. 부모의 관심과 참여가 높을수록 아이들도 학교생활을 더 잘해나간다. 나 또한 학교에서 제공하는 여러 가지 부모 교육과 학부모 학점제에 제시된 과제들을 하나둘 따라가다 보니 사춘기의 자녀들을 더 넓은 마음으로 이해하게 되었고 자녀들과 대화하는 방법이나 십대 아이들의 뇌구조 그리고 또래 성향에 대해서도 새로운 지식들을 배울 수 있었다. 책에서 알려주는 내용도 도움이 되었지만 나의 상황에 맞게 적용하는 방법은 스스로 찾아가야 할 때가 많았다. 언제든 변화할 수 있는 아이들의 심리와 상황을 이해하기 위해 학교에서의 생활에 관심을 기울이는 것이 무엇보다 필요했다.

지금 부모세대의 부모는 다소 권위적이었는데, 지금의 자녀들에게 '답정너(답은 정해져 있고 너는 대답만 하면 돼)' 스타일로 대하면 대화와 소통을 단절시키는 지름길이다. 세상은 빠른 속도로 변하고 있고 아이들은 부모세대와 전혀 다른 가치관을 가지고 있다. 이런 아이들의 생각과 마음을 알기 위해서는 그 무엇보다 부모들의 노력이 필요하다.

대안학교의 부모가 되어 생각의 틀을 깨기 전까지는 아이들과의 대화에서 늘 주도권이 나에게 있었다. 아이들이 십대에 접어들 무렵 나의 그런 대화법을 바꾸려고 했지만 쉽지 않았다. 자녀들과의 대화방식은 하루아침에 달라지기 어려운 습관과도 같다. 가족 간에 주고받는 말은 부모와 자녀의 관계에 큰 영향을 미친다. 딸아이들이 20대가 된 지금도 나는 여전히 소통의 방법을 훈련 중이다. 완벽한 부모는 없지만 오늘 더 나아진 모습을 보여주기 위해 노력한다면 그것만으로 좋은 교육이 될 것이다.

아이가 스스로 답을 찾을 때까지

그동안 아이들이 자라온 과정을 지켜보며 들었던 생각은 아무리 사소해 보이는 일이라도 아이들에게는 의미 있는 경험이 된다는 것이다. 실수하고 실패한 경험을 통해서도 아이들은 배우고 성장했다. 자녀의 실패가 마치 부모의 실패처럼 느껴지는 것은 어쩔 수 없다.

하지만 그렇다고 해서 아이의 인생의 목표를 부모가 미리 정해둔다든지, 부모 눈에 불필요해 보이는 것은 경험조차 못 하게 하는 일은 부모로서 피해야 할 일이다.

쉽고 평탄한 길로 인도된 아이는 부모가 원하는 목표에 빠르게 도달할 수 있을지는 몰라도 자신의 주도성과 스스로 얻는 삶의 지혜는 찾지 못하게 될 수도 있다. 아이마다 관심사가 다르고 성향과 기질이 모두 다르기 때문에 성장의 과정 중에 자신의 길을 스스로 찾아가는 힘을 길러야 한다. 무엇보다 내면에 각기 다른 고유한 재능과 빛을 가지고 있는 우리 아이만의 특별함을 발견해주고 지지해주는 것이 부모가 해야 할 가장 중요한 역할이다. 아이가 어릴 때는 부족해 보일지라도 아이만의 내재된 가능성을 믿어주고 기다려줄 때 아이는 존중받고 있다는 느낌을 받게 되고 스스로 내면의 힘을 찾기 위해 노력한다.

지금은 첫째아이나 둘째아이 모두 자신의 진로를 찾고 각자의 분야에서 노력하고 있지만 모든 것이 불투명하고 안개 속을 걷는 것처럼 느껴지던 때에는 부모 입장에서 조바심이 절로 났다. 그럴 때면 말로 하지 않아도 부모의 불안감이 아이에게 그대로 전달되었다. 특히 엄마와 아이의 마음은 연결되어 있어서 텔레파시가 통하는 것 같았다. 엄마가 조바심을 낼수록 아이도 여유로운 마음 대신 불안한 마음을 가지게 된다.

실제로 대안학교의 아이들이 중학교를 졸업하고 일반 공립 고등학교로 돌아가는 경우를 많이 보았다. 제도권 안에서 입시를 준비하는 것이 당장의 불안을 잠재워줄 수 있을지는 몰라도 또 다른 형태의 불안을 가져다주기도 한다. 아이들이 스스로의 길을 찾아가는 힘을 길러주는 가장 좋은 방법은 어떤 길을 선택하든 부모의 조바심과 불안함을 내려놓는 것이다. 불안과 걱정의 반대는 사랑과 믿음이다.

나 또한 아이들을 키워오면서 불필요한 걱정과 불안에 휩싸였던 적이 많았다. 그러나 그 자리에 아이들에 대한 변함없는 사랑과 믿음을 채워가려는 노력을 쉬지 않았다. 부모의 조바심은 아이를 우왕좌왕하게 만든다. 실수하고 넘어지고 때로는 먼 길을 돌아가야 하는 상황에 처하더라도 부모의 끊임없는 지지와 신뢰는 아이를 어떤 상황에서든 성장하고 배우게 한다.

아이가 자신의 길에 확신을 가지고 실패와 도전을 두려워하지 않도록 하려면 먼저 부모의 내면에 존재하는 조바심을 사랑으로 바꾸어야 한다. 조바심은 사회가 정한 기준에 나의 아이의 인생을 끼워 맞추려고 할 때 생긴다. 고등학교를 졸업하고 대학 입학의 시기를 결정하는 것도 개인의 선택이라기보다는 사회적 기준을 따르는 경우가 훨씬 더 많다. 아이들이 자신의 내면에 대한 탐색과 고민의 과정을 거치는 동안 기다리지 못하고 미리 길을 정해주고 그 길을 따라가야 한다고 가르치는 것 또한 조바심 때문이다.

아이 스스로가 자신에게 질문을 던지고 그 답을 찾아내도록 하려면 반드시 기다림의 시간과 인내가 필요하다. 공교육의 울타리를 벗어나 때때로 불안함이 밀려올 때면 처음 대안교육을 시키기로 결심했던 마음가짐을 기억하려고 노력했다. 그리고 나의 정리된 생각을 두 딸아이들에게도 자주 이야기해주었다.

말의 힘은 우리가 실제로 생각하는 것 이상으로 강력하다. 아이들에게 나의 교육의 철학과 딸들에 대한 신뢰에 대해 이야기를 나눌 때면 그 말로 인해 오히려 우리 안에 서로의 대한 믿음이 차오르는 것을 느꼈다. 이런 일상의 노력들이 처음에는 별거 아닌 듯 미약했지만 10년을 지나온 지금은 처음과는 비교할 수 없을 만큼 내 안에 많은 생각이 바뀌었다. 돌아보면 지난 10년간 아이들을 대안학교에서 교육시킬 수 있었던 것은 우리 가족에게 큰 행운이었고 축복이었다.

요즘에 내가 아이들에게 자주 해주는 말이 있다. 하고 싶은 것을 마음껏 하면서 살라는 말이다. 최근에는 '하고 싶은 일 다 하면서 살자'라는 가훈까지 새로 만들었다. 대안학교에서 아이들이 생활하고 성장해가는 모습을 지켜보면서 이런 교육의 현장이 아니었다면 결코 깨닫지 못했을 귀한 가치들을 내면화할 수 있었다. 그동안의 깊은 고민과 답을 찾아가는 힘든 과정이 없었더라면 아마도 아이들을 안전하게 보호하고 미래를 준비시킨다는 명목하에 나의 생각과 기준안에 아이들을 가두고 있었을지도 모른다. 대안교육의 길은 어쩌면 아이들보다 부모인 나를 성장시킨 시간이었다.

아이를 기숙학교에 보내면 부모와의 관계는 괜찮을까?

정서적 애착이 형성되어 있다면

기숙학교에 보내기 전에는 너무 어린 시절부터 아이들을 분리시키는 것이 아이들의 정서에 괜찮을지 고민이 되기도 했다. 품 안에 자식이라는 말처럼 언젠가는 부모의 심리적 둥지를 떠나게 될 텐데 미리부터 떼어놓은 것 같아서 마음 한편 허전한 느낌도 많았다.

심리학 용어로 '애착'이라는 단어가 있다. 애착은 심리학자 볼비(Bowlby)가 1969년에 처음으로 제시한 개념으로 인생의 초기에 가장 가까운 사람인 부모나 양육자와 강한 감정적 유대를 형성하는 것을 말한다. 생후 1년에서 3년 사이 양육자와의 친밀하고 안정적인 심리적 관계를 유지한 아이들일수록 청소년기와 그 이후에 인지적이고 추상적인 사고가 가능해지고 타인과의 관계 속에 신뢰와 긍정적인 관계를 형성할 수 있다는 것이 애착이론의 주요 요지이다.

이런 관점에서 본다면 부모 자녀간의 심리적 연결 고리는 청소년기 이전에 이미 형성되었다고 봐도 무방하다. 물론 청소년기의 부모 자녀 관계가 덜 중요하다는 의미는 아니다. 자녀가 청소년기를 지나는 시기야말로 성장의 시기에 맞는 관계 형성이 반드시 필요하다. 그러나 청소년 시기의 자녀들일수록 부모와의 양적 관계보다는 질적 관계가 더욱 중요한 시기임에는 분명하다.

유아시절 부모와의 애착이 잘 형성된 아이들 일수록 자신이 사랑받을 만한 가치가 있다고 생각할 뿐만 아니라 타인을 수용할 줄도 알게 된다. 특히 십대에는 그런 심리적 상태가 친구와의 관계 속에서 드러난다. 또래 집단 내에서 행복감과 신뢰감을 형성하고 좋은 관계를 유지하는 아이들이 있는 반면 친구를 신뢰하지 못하고 관계가 가까워질수록 불편함을 느낀다거나 자기 방어적인 반응을 나타내는 아이들이 있다.

그런 아이들은 친구들과 가까워지기를 원하지만 동시에 친밀감을 형성하는 데 있어서 두려움과도 같은 정서적 동요를 느낀다고 한다. 심리학자들은 그 이유를 유아기의 애착에서 찾는다. 다시 말해 양육자와 충분한 친밀감을 형성하지 못한 아이들일수록 친구와 친해지고 싶지만 동시에 자신이 사랑받지 못하거나 심한 경우에는 버림받게 될지도 모른다는 두려움이 마음 깊은 곳에 깔려있다는 것이다.

얕게나마 이런 심리학적 지식을 배우고 나니 십대의 딸아이들을 기숙학교에 보내는 마음이 오히려 편안해졌다. 이미 십대가 된 아이들의 유아기 애착에 대해 고민할 것이 아니라 청소년기에 맞는 질적인 관계 형성에 집중하기로 했다. 아이들과 매일 만나고 대화할 수는 없었지만 대신 주말에 함께하는 시간만큼은 다른 모든 것보다 아이들에게 집중하려고 노력했다.

주중에 떨어져 지내는 것도 생각보다 장점이 많았다. 아이들도 주중에 엄마 잔소리를 듣지 않아서 좋을 때도 많았고 주말에 만나면 서로 애틋한 마음으로 시간을 함께 보내다 보니 매일 눈앞에 있을 때보다 오히려 딸아이들과의 관계가 좋아지는 것 같았다.

첫째아이는 7학년부터 시작해서 중학교와 고등학교 6년간 기숙사에서 생활했고 둘째아이는 좀 더 일찍 5학년부터 8년간 같은 학교에 다녔다. 두 아이 모두 십대의 시기를 집에서보다는 학교에서 더 많은 시간을 보냈음에도 나와 아이들과의 관계는 갈수록 좋아지고 있다. 요즘에는 두 아이들에게 새삼 고마운 생각이 든다. 그 긴 시간동안 매주 주말저녁 버스를 타고 학교 기숙사로 돌아가는 일도, 8년간 학교 밥을 맛있게 먹으며 생활해온 것도 그리고 졸업할 때까지 별 탈 없이 학교에 잘 다녀준 것도 모두 감사한 일이다.

둘째아이가 5학년 때 자기 몸집만한 캐리어를 들고 기숙학교에 입학하던 모습을 떠올려보면 다시 그때로 돌아가도 대안학교에 보낼 수 있을까 싶은 생각도 든다. 돌이켜보면 정말 용기 있는 결단이었다. 딸아이에게도 엄마 이상의 결심과 야무진 면이 있었기 때문에 졸업할 때까지 기숙학교에서 잘 적응할 수 있었던 것도 같다.

갈림길에서는 머리가 아닌 마음으로

둘째아이가 처음 학교에 다니기 시작했던 5학년 때 같은 반에 있던 아이들을 생각해보면 학교가 재미있고 즐거운 곳이었음에도 저녁에 잠자리에 들 무렵이면 엄마가 보고 싶고 집이 그리워서 우는 아이들도 있었다. 물론 부모들이 아이들을 억지로 대안학교에 보낸 것은 아니었겠지만 막상 집을 떠나보니 기숙학교에서의 생활이 힘든 아이들도 있었던 것 같다. 결국 얼마 가지 못해 어떤 친구가 다시 집근처의 공립학교로 전학을 가는 것을 보면서 아이마다 기질과 성격이 달라서 환경에 적응하는 시기와 방법도 다를 수밖에 없겠다는 생각을 했다.

아이를 이른 나이에 기숙형 대안학교에 보내기 위해서는 아이의 기질이나 성향을 부모가 먼저 정확히 파악하고 결정하는 것이 정말 중요하다. 결국 모든 아이들의 교육에 한 가지 정답만 존재하는 것은 아니다. 아이에게 가장 적합한 교육환경을 선택하는 것도 부모가 신중하게 결정해야 할 몫이다.

두 아이를 대안학교에 보내고 생활하는 모습을 관찰해온 나름의 결론은 어떤 교육환경에서든 가장 중요한 밑바탕이 되는 것은 부모와 자녀의 관계이다. 특히 사춘기를 지나는 동안에는 서로의 관계에 대한 점검이 수시로 이루어져야 한다.

대안학교를 보내기에 가장 적절한 시기라는 것도 정해져 있지 않다. 어떤 아이는 초등학교 때부터도 잘 적응하는 아이들이 있는가 하면 중학생이나 고등학생인데도 부모와 떨어져 지내는 것이 어려운 아이들도 있다. 로마의 법에서는 자녀가 성년이 되는 시기를 부모의 재량에 따라 결정한다고 한다. 그만큼 부모가 자녀에 대해 잘 알고 있어야 한다는 의미로도 해석될 수 있다. 기숙학교에 아이들을 보내는 것도 크게 다르지 않은 것 같다.

너무 이른 나이보다는 중학교에 입학할 무렵이 적절하다는 생각도 든다. 아이가 어느 정도 자신과 주변의 상황에 대해 비교적 객관적인 시각으로 사고하고 판단할 수 있는 정도라면 적당할 것 같다. 그리고 가장 우선시되어야 하는 것은 아이 자신의 의견이다. 아이에게도 학교에 대한 충분한 정보를 주고 직접 선택할 수 있도록 생각할 시간을 가지고 함께 대화하는 것이 중요하다. 부모의 입장에서 일방적으로 내려진 결정은 아이들을 수동적으로 만들고 학교생활 중에 마주할 수 있는 어려움에 대한 해결능력도 그만큼 덜할 수밖에 없다.

　공립학교와 대안학교 중 어떤 교육환경에서 아이들을 양육할 것인지 고민할 무렵 나에게는 아이들의 정서적 안정이 가장 중요한 선택의 기준이었다. 대안교육을 시킬 때에는 더더욱 교육의 연계성과 지속성이 중요하다고 생각했기 때문에 특별한 문제가 없다면 중학교과 고등학교를 연계해서 지속적으로 대안교육을 받게 하고 싶었다. 두 아이 모두 그런 기준을 마음에 두고 대안학교에 보내고 나니 교육의 과정에서 발생할 수 있는 여타의 문제를 다루고 선택할 때에도 훌륭한 기준점이 되어주었다.

　아이들도 쉽게 포기해버리거나 회피하고 싶은 문제들을 마주했을 때 어떻게 해서든 그 안에서 해결해야 한다는 생각이 뚜렷했던 것 같다. 그렇게 한두 가지의 문제를 스스로 해결해나가다 보면 문제 상황을 객관적으로 바라볼 수 있게 되고 자신의 문제를 해결해나가는 힘이 더 단단해지는 것을 볼 수 있었다.

　사춘기 아이들의 정서와 환경은 불가분의 관계에 있다. 그리고 모든 생활의 바탕에는 심리적 안정감이 필수적이다. 대안교육이라는 것은 언제든 시작하기로 선택할 수 있는 교육환경이지만 또 언제든 그만두고 바꾸기도 쉬운 환경이다. 따라서 대안학교를 보내기로 마음먹은 이상 부모의 교육 철학이나 중심이 되는 기준을 갖는 것은 매우 중요하다. 나의 기준은 교육환경의 연속성과 아이들의 정서적 안정이었다.

아이들의 마음 돌보기, 집밥의 위력

주말에는 정성 들여 차린 집밥

내가 본격적으로 요리에 관심을 갖기 시작한 때는 아이러니하게도 아이들이 기숙학교에 들어간 직후이다. 아이들이 늘 집에 있던 초등학교 시절은 언제나 집밥을 먹는 게 당연한 것이었기에 오히려 그런 일상의 소중함을 덜 느끼고 살았다. 첫째아이가 처음 기숙학교에 들어가고 일주일간 떨어져 있으면서 가장 많이 했던 생각은 '주말에 오면 어떤 맛있는 걸 해먹일까?'였다.

첫째아이가 기숙사에서 지내고 돌아오던 첫 주말에 만들었던 음식은 갈비찜이었다. 이틀 전부터 정성스레 재료를 준비하고 고기를 재워 냉장고에 넣어두고 아이가 돌아오기만을 손꼽아 기다리던 기억이 지금도 생생하다. 품에 있는 줄 알았는데 어느새 자라서 집보다는 학교에서 더 많은 시간을 보내고 있는 아이를 보면서 엄마의 정성이 담긴 집밥을 한 번이라도 더 먹일 수 있는 날이 그렇게 길지가 않다는 사실을 그때 새삼 깨달았다.

기숙학교에 들어간 아이가 앞으로도 집밥보다 학교밥을 먹을 날이 더 많을 텐데, 한 끼에 집밥의 온기를 듬뿍 담고 싶었다. 그날부터 나는 주말마다 아이들에게 만들어주는 요리에 진심을 담기 시작했다. 돼지고기가 듬뿍 들어간 묵은지김치찌개나 구수한 시래기된장국은 아이들의 한 주간의 긴장감을 풀어주는 일등공신이었다. 주중에 학교 급식만 먹다가 주말에 엄마가 해주는 따뜻한 집밥을 먹으면 다시 한 주를 보낼 힘이 나는 듯했다. 만들어준 음식을 맛있게 먹으며 편안해 하는 아이들을 보면 마음이 푸근해졌다.

생각해보면 따뜻한 밥상을 받는 것처럼 우리 마음을 편안하게 만들고 고양시키는 것도 없는 것 같다. 정성 가득한 엄마의 집밥은 아이들이 스스로 귀한 존재라는 것을 깨닫게 해주는 사랑의 매개체이다. 아이들에게 사랑을 표현하는 여러 가지 방법 중에 따뜻한 밥상만큼 좋은 것도 없다. 아이들이 삶을 긍정하는 힘을 길러주는 것도 다름 아닌 집밥의 위력이다. 이렇게 아이들의 영혼을 돌보는 일이라는 생각으로 매주 정성을 들여 집밥을 차렸다.

자신을 사랑하고 다른 사람을 사랑할 줄 아는 마음도 결국은 내면에 가득한 온기에서 비롯된다. 맛있는 음식과 웃음과 이야기가 한데 어우러지는 식탁이야말로 모든 사람이 언제나 그리워하고 가장 원하는 장소이다. 살다 보면 누구나 집밥처럼 따뜻한 마음 담긴 음식이 특별히 생각나는 날들이 있다. 즐겁고 기쁠 때보다는 힘들고 아플 때가 그런 때이다. 우리가 기억하는 집밥은 그런 면에서 단순한 음식 이상의 의미를 지닌다. 따뜻한 밥 한 끼는 그 자체로 그리운 고향이고 언제라도 돌아가고 싶은 어머니의 품이다. 밥 한 숟갈 입에 넣고 국 한 수저 뜨고 나물반찬 집어 먹던 소박했던 밥상은 저마다의 이야기를 담은 모양으로 많은 사람의 영혼에 스며들어 있다.

영어에도 'comfort food'라는 표현이 있는 것을 보면 음식이 곧 그 사람의 영혼이라는 말이 괜히 나온 말은 아닌 듯하다. 먹을 때마다 마음과 영혼을 감싸주며 편안함을 선사하는 소울푸드는 힘든 삶의 한 가운데에서도 다시금 힘을 낼 수 있게 해주는 묘약이다. 추억과 스토리가 깃든 아늑한 고향의 맛을 간직하고 있는 사람들은 힘든 삶의 한 가운데에서도 언제든 다시 일어설 수 있는 내면의 힘을 가지고 있다. 나의 요리가 가족들에게 그런 소울푸드가 된다고 생각하면 아이들의 영혼을 돌보는 일에 절대 소홀히 할 수 없게 된다.

정성과 시간을 들여 만드는 음식은 준비하는 사람과 먹는 사람 모두에게 행복을 가져다준다. 음식의 종류를 고르고 신선한 식재료를 준비하고 레시피에 맞춰 맛을 내는 과정은 하면 할수록 자신감이 붙었다. 내 손으로 직접 만든 근사한 요리가 식탁 위에 놓일 때마다 만족감과 기쁨이 가득 차올랐다. 그렇게 차려진 음식들을 가족들이나 친구들과 함께 나누어 먹는 것은 나에게 온전한 행복 그 자체이다. 음식이 주는 마법과 같은 힘이다.

평일에는 하루 세 끼 학교 급식

학교 급식을 먹으며 지내던 학창시절의 추억들은 더없이 소중하다는 것을 안다. 친구들과 매일 같은 음식을 먹고 일상을 함께한 이야기들도 음식의 향기와 함께 아이들의 마음속 서랍 안에 가득 쌓여 있을 것이다. 이른 아침 기숙사에서 나오자마자 카페테리아로 향하던 발걸음도, 점심시간 종소리가 나기 무섭게 친구들과 달려가던 급식실의 음식 향기도, 출출한 오후 4시쯤부터 저녁 식사가 시작되기만을 애타게 기다렸던 시간도 모두 추억 속에 아로새겨져 있을 것이다.

학교를 졸업할 무렵 두 딸아이에게 이런 말을 했던 적이 있다.

"같은 학교의 급식을 8년이나 먹는 일이 얼마나 대단한 일인 줄 아니? 정말 쉽지 않은 일을 끝까지 잘 해냈으니까 앞으로 너희 삶에서 무슨 일이든 거뜬히 해낼 수 있어."

내 말을 듣는 아이들의 얼굴에 묘한 자부심과 그간의 즐거운 기억들이 스쳐지나갔다. 나는 정말 우리 아이들이 학교에서 그동안 먹어온 그 밥심을 가지고 이 세상을 거뜬히 살아갈 것이라고 믿고 있다. 거기에 소울푸드인 엄마의 집밥이 곁들어 진다면 아이들의 추억과 정서는 더할 나위 없이 풍성해질 것이다.

 큰아이와 작은아이는 각각 6년과 8년을 같은 학교에서 급식을 먹고 자랐다. 언뜻 쉬운 일처럼 보일수도 있지만 나는 그 일이 절대 쉬운 일이 아니었다고 생각한다. 물론 학교밥이 맛있고 영양소도 골고루 섭취할 수 있는 식단이지만 집밥이 아닌 음식을 하루 세끼 8년간 먹었다는 사실 하나만으로도 엄청난 일을 해낸 것이다. 학교가 있는 산골마을에는 어디서나 흔한 편의점이나 매점이 없었다. 오로지 시간 맞춰 제공해주는 급식이 전부였고 간식을 먹지 않다 보니 자연스레 세끼 밥을 규칙적으로 잘 먹게 되었다. 비만이었던 아이들도 시간이 지날수록 정상 체중이 되는 경우도 많았다. 간혹 특식이 나오는 날이나 분식의 날(떡볶이나 라면 등 분식이 점심으로 제공되는 날)에는 그야말로 아이들 표정 속에 기쁨이 가득했다. 오죽이나 좋았으면 주말에 와서 분식의 날 메뉴와 이야기를 빼놓지 않았다.

 과자며 아이스크림이며 쉽게 사먹을 수 있는 요즘과 같은 시대에 의도적으로 만든 결핍의 환경은 그 자체로 훌륭한 교육의 현장이 되었다. 아이들은 음식의 소중함과 감사를 배우며 성장할 수 있었고 무엇보다 함께 살아가는 공동체의 가치를 마음에 새기는 시간이었다. 공동체의 지속과 결속은 함께 먹는 음식에서 나온다는 말이 있다. 우리는 오감을 통해 음식을 먹고 그 기억을 머릿속에 저장한다.

음식은 사람들에게 기쁨과 행복을 주기도 하고 반대로 슬픔과 고통의 감정을 느끼게 한다는 점에 있어서 예술의 범주에 넣어야 한다고 주장하는 사람들이 있다. 음악이나 미술작품이 우리에게 감동을 주듯 음식을 먹는 사람들 또한 식탁위의 음식의 맛과 정성을 통해 감동을 받기도 하고 어린 시절 먹던 음식에 대한 향수를 느끼기도 한다. 예술의 경지에까지 이르지는 못하더라도 음식으로 가족 구성원들을 사랑으로 묶는 일은 얼마든지 할 수 있고 또 해야 하는 일이다.

우리가 매일 먹는 음식이 사람들의 심리와 정신의 깊은 곳에까지 영향을 미친다는 사실을 깨닫기 전까지만 해도 공동체 안에서 함께 나누는 음식의 가치에 대해 잘 알지 못했다. 아이들이 기숙학교에 입학한 후로 주말에 가족과 함께 있는 시간이 얼마나 소중하고 정성을 다해야 하는 시간인지를 깨달았다. 함께할 수 있는 시간만큼은 아이들에게 집중했고 내가 표현할 수 있는 모든 사랑을 음식과 함께 전하려고 노력했다.

그리고 그런 노력은 나에게 몇 배의 기쁨으로 되돌아왔다. 어느새 대안학교를 졸업하고 둥지를 떠날 준비를 하고 있는 아이들을 보면서 영혼을 따뜻하게 돌보아주는 일의 소중함을 다시금 깨닫는다. 더 넓은 세상을 살아가는 동안에 언제라도 엄마가 만들어주던 따뜻한 집밥을 떠올리며 힘을 낼 수 있도록 기회가 되는 대로 맛있는 집밥을 만들어보려고 한다.

　최근에 나에게 소박한 목표 한 가지가 생겼다. 김치 담그는 법을 제대로 배우는 것이다. 세상에서 제일 맛있는 김치를 종류별로 만들어두고 미래에 독립한 두 딸아이가 집에 올 때마다 한 통씩 나누어 주는 것이 내 삶의 로망 중 하나이다. 행복이 생각보다 멀리 있지 않다는 말이 틀린 말이 아니다. 마음먹기만 하면 우리의 손닿는 곳에 행복은 존재한다.

방학에 더욱 빛을 발하는 품앗이 교육

대안학교 학부모의 방학은 천천히 흐른다

여름과 겨울 아이들의 방학은 큰 택배박스들의 도착과 함께 시작된다. 한 학기 동안 두 딸아이가 기숙사에서 지내면서 사용하던 이불과 갖가지 생활용품, 사물함을 가득 채웠던 책들과 각종 문구류 그리고 악기와 이런저런 짐들까지 몽땅 들어 있는 박스들이 현관 앞에 도착하면 그날부터 한 달 동안 아이들 방학이다. 택배박스 안의 내용물을 모두 꺼내 이불 빨래와 짐정리를 하고 나면 어느새 저녁밥 준비할 시간이 된다. 학기 중에는 신경 쓰지 않아도 되었던 아이들의 삼시세끼를 준비해 먹여야 하는 막중한 임무도 함께 시작된다.

　방학에 신경 써야 할 일은 밥 짓는 일뿐만이 아니다. 십대 아이들이 알아서 규칙적으로 생활하면 더할 나위 없이 좋겠지만 그런 일은 좀처럼 일어나지 않았다. 하루 종일 뒹굴뒹굴하는 아이들에게 잔소리를 해봐야 바뀌는 것도 없을 것 같아서 차라리 아이들의 방학 일과를 나도 함께하기로 마음먹었다.

　아침에 아이들보다 조금 일찍 일어나 식사를 준비하는 것 말고는 하루의 거의 모든 생활을 같이 했다. 아이들이 책을 읽거나 방학숙제를 할 때는 나도 옆에 앉아 책을 읽었고 TV나 영화를 볼 때도 같이 봤다. 짧은 여행이나 외출도 물론 함께했다. 기숙학교 아이들은 전국에 흩어져 있어서 특별한 때를 제외하고는 친구를 만나러 외출하는 일도 거의 없었다. 그렇다고 짧은 한 달 동안 학원을 다니는 것도 큰 의미가 없었다. 아이들에게 방학은 말 그대로 순수한 방학이었고 온전한 가정학습의 시간이었다.

　아이들과 방학 한 달 동안 거의 모든 일상을 함께하다 보니 장단점이 있었다. 우선 학기 중에 떨어져 있던 아이들과 24시간 함께하며 친밀한 시간을 보낼 더없이 좋은 기회였다. 딸들도 어릴 때부터 집을 떠나 있다 보니 엄마와 함께 보내는 일상에서 안정감을 느끼는 것 같았다. 물론 단점도 있었다. 십대 아이들과 하루 온종일 생활하는 것은 그 자체로 엄청난 정신적 에너지가 필요한 일이다. 매일 제때 음식을 해서 먹이느라, 생활 패턴이 흐트러지지 않도록 하느라

온통 신경이 곤두서는 날도 많았다. 개학을 하면 다시 기숙사로 돌아가 새벽부터 일어나는 생활이 바로 시작되기 때문에 방학 중 생활 관리는 아이들의 학교생활을 위해서도 도와줄 필요가 있었다. 아이들이 방학 한 달을 알차게 보내고 나면 몸은 힘들어도 마음은 뿌듯했다.

처음 몇 해는 아이들과 온종일 함께 지내기만 했는데 학년이 올라갈수록 좀 더 의미 있는 방학 생활이 필요하다는 생각이 들었다. 그런 생각을 가진 부모들이 나뿐만은 아니었다. 한 해, 두 해 시간이 흐를수록 같은 학교 부모들 사이에도 방학생활에 대한 고민이 생겨났다. 이렇게 부모들이 고민하면서 시작된 것이 방학 중 품앗이 교육이었다. 처음에는 오전 시간에 첫째아이의 친구를 우리 집으로 초대했다. 그 친구는 엄마가 직장생활을 했기 때문에 종일 혼자 있는 시간이 많았다. 매일 아침 그 친구가 우리 집으로 오면 딸아이들이랑 함께 책도 읽고 방학과제도 했다. 우리끼리만 있을 때보다 친구가 있으니 아이들도 훨씬 더 좋아했고 오전 시간 분위기도 좀 더 알차고 좋았다. 점심에는 함께 밥을 지어 먹였다. 어차피 차리는 밥상에 숟가락 하나 더 놓으면 되는 일이니 부담도 없었고 그 친구 부모님도 정말 고마워했다.

그다음 해부터는 아이들 숫자를 좀 더 늘려보기로 했다. 그리고 오전에 함께할 수 있는 엄마들도 모았다. 5~6명의 아이들과 두어 명의 엄마들이 매일 한집에 모이게 되었다. 오전에는 거실에 앉아

같이 부족한 공부하고 책도 읽었고 점심에는 함께 밥을 해서 먹었다. 방학 중에 혼자 아이들을 돌보던 때보다 에너지도 생기고 재미도 있었다. 무엇보다 매일 다양한 음식들을 함께 나눌 수 있어서 좋았고 지루할 틈이 없었다.

한 아이를 키우려면 온 마을이 필요하다

방학 중 품앗이 양육은 우리가 살던 지역뿐만 아니라 전국에서 이루어졌다. 어느 지역에서는 방학 때마다 여러 가정이 함께 필리핀으로 선교여행을 떠났다. 학생들과 부모들이 팀을 이루어 여행지의 문화와 음식 그리고 교육 등을 주제로 미리 조사해서 발표하는 워크샵 시간을 가졌다. 현지에서는 2주간 봉사활동과 문화 체험 등의 의미 있는 경험과 추억을 만들었고 여행이 끝난 이후에는 부모와 아이들이 모두 감상문도 쓰고 선교지에서 촬영한 사진과 영상을 편집해서 다른 지역의 부모들과 공유하기도 했다. 여름 방학 때마다 진행되는 선교 봉사활동은 아이들의 방학을 더욱 특별하게 해주었고 다른 지역 부모들에게도 선한 영향력이 되었다.

어떤 지역에서는 주말마다 경제 특강이나 악기 연주와 같은 강의를 개설해서 아이들이 배울 수 있도록 봉사해주는 부모들도 있었다. 지역에 따라 체육대회나 체험학습여행을 기획해서 전체 가족들이 참여할 수 있는 특별 행사를 여는 곳도 있었고, 행사가 끝나면 바비큐 파티를 열어 다른 지역의 가족들과 선생님들까지 초대해 즐거운 시간을 보내기도 했다. 어떤 부모님들은 지리산 등반팀을 모집해서 아이들의 체력단련과 지리산 산행을 인솔하기도 했다.

방학 중에만 할 수 있는 봉사활동이나 체험활동 등 다양한 정보를 전국의 부모들이 서로 공유했다. 중학생들은 다양한 체험학습들에 참여했고 고등학생이 되면 인턴십 프로그램이나 해외 봉사활동을 하는 아이들도 있었다. 방학이 거듭될수록 부모들의 품앗이 양육 노하우도 점점 쌓였고 해마다 부모들의 창의적인 아이디어가 샘솟았다. 그만큼 아이들의 방학 생활에도 즐거움이 더해졌다.

정해진 프로그램이나 매뉴얼이 있는 것은 아니었지만 품앗이 양육에 참여하는 부모들은 방학마다 지역의 모든 아이를 내 아이처럼 생각하며 함께 양육해주었고 그런 모습이 공동체 전체에 따뜻한 분위기를 만들어주었다. 서울, 경기, 인천, 대전, 세종, 충청, 강원, 전라 등 전국 곳곳에서 다채로운 가정학습이 이루어졌는데 그야말로 방학에만 이루어지는 홈스쿨링이었다.

대안학교 아이들이 방학에만 할 수 있는 특별한 즐거움이 있는데 바로 친구집 방문이다. 기숙사에서 몇 년간 생활하다 보면 아이들은 대부분 자신이 사는 동네에 친구가 많지 않다. 딸아이들의 친구들도 동네보다는 전국에 흩어져 있었다. 전국구 친구망을 갖는다는 것은 큰 장점이기도 하지만 주말이나 자유 시간에 서로 자주 만나서 함께 놀지 못한다는 단점도 있다. 이런 아이들에게 방학은 친구 집을 방문할 수 있는 시간이었다. 딸아이들의 친구들도 방학이면 자주 집에 놀러 와서 하룻밤씩 자고 갔고 지역 관광(?)도 시켜주었다.

한번은 둘째아이가 인천에 사는 친구에게 초대를 받은 적이 있다. 교회에서 청소년부 수련회를 제주도로 간다고 함께 가자고 했다. 친구 찬스로 멋진 제주 여행까지 할 수 있었던 그해 여름은 딸아이에게 최고의 방학 중 하나였다.

방학을 맞는 내 마음가짐은 항상 그랬던 것 같다. 학기 중에 아이들이 기숙사에서 생활하고 학교 급식을 먹고 교육과 양육은 대부분 선생님들의 몫이었다. 한 달이라는 방학 기간만이라도 최선을 다해 아이들을 돌보고 먹이고 양육해서 학교로 돌려보내는 것이 선생님들의 노고에 보답하는 일처럼 느껴질 때도 있었다. 어찌 보면 주객이 전도되는 듯한 느낌이 들기도 하지만 그만큼 선생님들의 수고가 크고 감사한 일이었다. 그런 사랑의 빚을 지며 우리 아이들이 자라온 대안학교의 방학도 이제는 다 지나갔고 즐거웠던 추억과 사랑의 수고의 기억만 남아 있다.

다른 부모들은 왜 대안학교에 아이를 보냈을까?

 가정마다 상황은 다르고 속 깊은 이유까지 다 알 수는 없지만 그동안 나의 블로그에 대안학교 이야기를 연재하면서 받았던 질문들과 이웃들과 소통했던 내용을 토대로 대안학교를 고려하고 있는 부모들의 다양한 입학 동기를 모아보았다.

우리 아이는 공립학교의 규율에 잘 맞지 않아요
매일 아침 정시에 학교에 가고 수업을 듣는 규칙적인 생활에 잘 안 맞는 것 같아요. 듣기 싫은 수업도 강제로 들어야 하고 의자에 앉아서 하루 종일 선생님의 수업을 들어야 한다는 것을 특히나 힘들어

했어요. 갈수록 공부에 흥미를 잃는 것 같고 차라리 자유로운 학습 환경을 마련해주는 게 아이에게 장기적으로 더 나을 것 같다는 생각을 하게 되었어요.

물론 대안학교라고 해서 수업이나 공부를 안 하는 것은 아니지만 아무래도 공립학교의 딱딱한 분위기보다는 더 나을 것 같고 아이에게도 편안하게 느껴질 것 같아서 선택하게 되었어요.

친구관계 때문에 아이가 힘들어해요

요즘 아이들은 학기 초에 친구 무리에 들어가야 해요. 그게 안 되면 일 년 내내 혼자 다녀야 하는 독특한 그룹문화가 있는 거 같아요. 우리 아이는 내향적이라 먼저 새로운 친구에게 다가가기를 어려워해서 학기 초마다 친구관계 때문에 스트레스를 받았어요. 일 년간 친구 무리를 정하지 못하고 혼자 떠돌게 되면 그게 다음 학년에도 영향을 주는 것 같아요.

원래는 밝은 성격인데 친구 그룹을 못 찾는 것 때문에 의기소침해지고 학교에 가기 싫어하게 되었어요. 대안학교는 이런 친구 문화가 일반 공립학교와 다를 거라는 기대감으로 알아보게 되었어요.

부모와의 관계가 어려워서 좀 떨어져 지내는 게 좋을 것 같아요

초등학교 저학년 때까지만 해도 정말 착하고 말도 잘 들었는데 고학년이 되면서 자기주장이 세지고 고집도 늘었어요. 부모 말은 무조

건 반대하고 들으려고 하지 않아서 대화 도중에 매번 갈등이 생기더군요.

한번 틀어지면 며칠씩 말도 안하고 표정이 안 좋아서 점점 대화하기가 힘들었지요. 부모 입장에서 언제까지 아이 비위만 맞춰주기도 쉽지 않고 이렇게 하다가는 중학생이 되면 더 대화도 어려워질 것 같고 사이가 안 좋아질 것 같아서 기숙학교에 가 있으면서 좀 떨어져 있는 게 서로를 위해 좋을 것 같다는 생각을 했어요. 아이도 그걸 원했고요.

입시 위주의 교육보다는 인성교육이 먼저라고 생각해요

주변에 시험공부 때문에 스트레스를 받아서 상담을 받는 친구들이 늘어나고 있는 걸 보면서 남 일이 아니구나 생각했어요. 경쟁 속으로 아이를 밀어 넣다 보면 친구나 그 밖에 삶에서 소중한 것이 모두 성적보다 밀리게 될 것 같아요. 특히나 요즘에는 집집마다 아이들도 하나 둘 밖에 없어서 남을 배려하는 방법을 잘 모르는 것 같고 무조건 자기 자신만 생각하는 이기적인 문화가 갈수록 팽배해지는 것 같아서 걱정이 되었어요. 입시 경쟁보다는 어린 시절에 좋은 친구들도 많이 만나고 남을 배려할 줄 아는 아이로 키우고 싶어서 대안교육을 생각하게 되었어요.

공립학교에서 받을 수 없는 신앙교육이 맘에 들어서 선택했어요

크리스찬 부모로서 공립학교의 교육에 대해 회의적인 때가 많았어요. 그중에서도 종교의 다양성을 인정하고 편향된 교육을 지양한다고 하지만 성경의 관점으로 보면 사실 공립학교 교육처럼 편향적인 교육은 없다는 생각이 들었어요. 아이가 어릴 때부터 성장기를 지나는 동안 가치관이 형성되는 가장 중요한 시기에 신앙교육과 성경말씀에 기초한 교육을 시키고 싶어서 일찍부터 대안학교를 알아보기 시작했어요. 꼭 성경을 가르친다는 의미가 아니라 성경적인 가치관이 기본이 되는 인성교육을 받게 하고 싶었어요.

공부 스트레스를 안 받았으면 해서 대안학교를 알아보게 되었어요

제가 공부를 강요한 적도 없는데 언제부터인가 아이가 공부 얘기만 하면 과민반응을 보였어요. 아마도 주변에 친구들이 공부 스트레스를 많이 받고 그런 얘기를 자주 듣고 하다 보니까 해보기도 전부터 공부는 힘들고 지겨운 것이라는 선입견이 생긴 것 같아요. 잘하라고 하는 것이 아니라 어떤 분야이든 흥미를 가지고 도전해보면 좋겠는데 미리 겁부터 먹고 시도조차 하지 않으려고 해요. 하루빨리 공부 스트레스에서 벗어나게 해주고 싶었고 그런 환경에서 좀 더 자유롭게 생각하다 보면 아이가 관심 있는 분야를 찾게 되지 않을까라는 기대감으로 대안교육을 시키고 있어요.

입시 공부 대신 자신이 하고 싶은 꿈을 찾아가길 바랐어요

대학 입시만 아니면 사실 우리 아이들이 할 수 있는 것들은 무궁무진할 것 같아요. 대학교육을 반대하는 입장은 아니지만 이렇게까지 하면서 입시에만 모든 것을 걸고 10대를 보내는 게 맞나 싶을 때가 많이 있었어요. 아이들마다 하고 싶은 일도 다르고 꿈도 다양할 텐데 자신의 생각을 탐색해볼 기회조차 뺏어가는 것이 지금 입시교육의 현실인 것 같아요. 잠깐만 생각해봐도 앞으로 아이들이 할 수 있는 일은 너무나 많은데 모두가 한결같이 좋은 대학을 위해 국영수 공부만 열심히 한다는 게 이해가 되지 않아요. 저는 우리 아이가 하고 싶은 것들을 마음껏 하고 자신의 꿈을 당당하게 찾아가기를 바라고 있어요. 공교육에서는 사실 그렇게 부모가 중심을 잡기가 어려운 현실인 것도 사실이고요.

대안학교의 다양한 프로젝트 학습이나 동아리 활동이 맘에 들었어요

대안학교 고등학생들의 프로젝트 내용을 보고 솔직히 너무 놀랐어요. 우리나라에도 이런 교육을 받는 고등학생들이 있구나 싶었고 이런 교육현장에서 아이들이 성장한다면 우리의 미래도 밝다는 생각이 들었어요. 예를 들면 자율주행 자동차의 실용화를 위해 고등학생들이 연구하는 분야가 학생들이 하는 연구라고 하기에는 너무나 전문적이었고 학교에서도 외부 전문 강사를 지원하는 시스템이 있어서 아이들이 깊이 있는 공부를 하게 되는 것 같아요. 특히 갭이어 제도가 정말 맘에 들었어요. 고등학교에서 다양한 프로젝트와 동아리 활동을 연계해서 갭이어 과정까지 참여할 수 있다는 것이 매력적인 교육현장인 것 같았어요.

교사들이 학생 한 명 한 명을 세심히 돌봐주어서 좋아요

공립학교와 비교를 하려는 것은 아니지만 우선 한 선생님이 맡은 아이들의 숫자가 적어서 그 점이 맘에 들었어요. 20명이 넘는 반 아이들을 담임선생님 한 명이 케어하기가 아무래도 힘든 것은 사실이죠. 반면에 대안학교에서는 한 교사가 6~7명의 아이들을 관리하고 있고, 학습뿐만 아니라 생활이나 심리적인 부분까지도 신경써주어서 그런 점들이 정말 맘에 들었어요. 신경을 많이 써주니 그만큼 아이들도 담당 선생님을 좋아하고 심리적 안정감을 느끼는 것 같고 학교생활에 아주 중요한 부분이 되고 있는 것 같아요.

좋은 친구와 멘토를 만나기를 바라는 마음으로 오게 되었어요

아이가 선생님과 갈등이 자주 있었어요. 몇 번 상담을 해봤지만 선생님도 아이를 이해하지 못하고 아이의 잘못된 면만 말해서 학교에 상담을 다녀오면 오히려 마음이 더 어렵고 불편했어요. 옛말에 참스승이라는 의미가 지금은 거의 퇴색되는 것 같아서 안타깝고 요즘 세대 아이들을 다루기가 힘든 것도 한편 이해는 되지만 정말 존경하는 참스승과 제자의 관계를 찾기가 점점 어려워지는 것 같아요.

대안학교에서는 아이들을 바라보는 이해의 폭이 좀 더 넓지 않을까 라는 기대감도 있고 아이가 인생의 멘토를 만나길 바라는 마음이 있어요.

주중에 휴대폰을 하지 않는다는 점이 좋아서 보내기로 했어요

어릴 때는 말도 잘 듣고 착한 아이였는데 휴대폰이 생기면서부터 부모와 갈등이 심해졌어요. 게임에만 빠져 있고 부모가 하는 얘기는 모두 잔소리로만 생각하는 것 같아요. 방에 들어가면 잘 나오지도 않고 휴대폰만 보고 있는 것 같아서 너무 걱정이 되고 갈수록 관계가 안 좋아지는 것 같아요. 안 되겠다 싶어서 대안학교를 알아보게 되었어요. 대부분의 학교가 주중에 휴대폰 사용이 금지되고 있는 것 같아서 그 점이 맘에 들었어요. 다른 친구들이 휴대폰을 안 하면 우리 아이도 당연하게 받아들이게 될 것 같고 지금 시기는 강제적으로라도 휴대폰이 없는 환경을 만들어주는 게 중요하다는 생각을 했어요.

갑자기 아이가 학교를 다니기 싫어해서 대안학교를 알아보았어요

고등학교 1학년이 되고 나서 갑자기 학교를 안 가겠다고 해서 집안이 발칵 뒤집혔어요. 아이가 집에 있는 하루하루가 심리적인 고통의 연속이었어요. 아이도 힘들었겠지만 당시에는 이유도 없이 학교를 안 가겠다는 아이가 밉고 이해가 안 갔어요. 상담도 받아보고 대화도 해봤지만 결국은 시간이 필요했던 것 같아요. 차츰 아이 스스로 자신의 마음을 열고 나오기까지 기다릴 수밖에 없었고 그 과정에서 많은 것을 내려놓았어요. 1년 정도 그렇게 쉬다가 대안학교를 알아보게 되었고 지금은 대학까지 졸업해서 군인으로 행복하게 살고 있어요.

주변의 권유로 알아보았어요

지인의 소개로 처음 대안학교에 대해 알게 되었어요. 예전에는 공교육에 적응하지 못하는 아이들이 가는 학교라는 선입견이 있었는데 요즘엔 전혀 그렇지 않다는 것을 알 수 있었어요. 우리 아이에게 더 맞고 좋은 교육환경을 찾아서 부모들이 많은 노력을 하고 있고 전국으로 좋은 대안학교를 찾아다닌다는 사실을 알고 조금 놀랐어요. 그때부터 저도 대안학교를 알아보기 시작했고 좋은 학교가 생각보다 많이 있었어요. 다행히 우리 아이도 아주 만족하면서 학교를 다니고 있어요.

매스컴을 통해 처음 대안학교를 접하고 아이를 설득했어요

블로그나 유튜브 방송을 통해 기독 대안학교에 대한 정보를 접하고 모든 자료를 다 찾아보았어요. 그리고 호기심이 생겨서 직접 찾아가보고 상담도 해봤는데 알면 알수록 바로 이거구나 싶었어요. 처음엔 남편도 반대하고 아이도 기숙학교에 가는 것을 싫어했지만 제가 오히려 설득했어요. 입학원서를 넣고 당연히 붙을 줄 알았는데 처음에 떨어지고 조금 충격을 받았어요. 그다음 해에 다시 도전했는데 다행히 합격이 되었고 아이도 그냥 가는 학교가 아니라는 것을 알았는지 열심히 생활하고 있는 것 같아서 만족스러워요.

부록

대안학교 맞춤 입시 정보

검정고시

검정고시는 정부에서 정한 초·중·고 교육과정을 이수하지 않은 사람들을 대상으로 공립학교 교육과 동등한 학력을 인정받을 수 있도록 평가하는 시험제도이다. 검정고시의 종류는 초등학교 졸업학력 검정고시, 중학교 졸업학력 검정고시, 고등학교 졸업학력 검정고시가 있다. 이 시험은 시도교육청이 주관하고 한국교육과정평가원(수능 출제 기관)에서 문제를 출제하는 방식으로 지금까지 매해 4월과 8월에 각각 1차와 2차 시험이 시행되어 왔다.

시험과목은 국어, 영어, 수학, 과학, 사회, 한국사의 필수과목 다섯 과목과 도덕, 기술 가정, 음악, 체육, 미술 중에 한과목을 선택해서 총 여섯 과목의 시험을 치른다. 검정고시의 합격 기준은 각 과목 100점 만점에 전과목 평균 60점 이상이면 합격이 된다. 모두 4지 선다형의 객관식 시험이고 주관식 문항은 없다. 결시과목이 있으면 불합격 처리된다. 대신 과목 합격제도가 있는데 이미 합격된 과목을 제외하고 다음 회차 시험에서 나머지 과목만 선택해서 볼 수 있는 제도이다.

시험의 난이도는 해마다 조금씩 다르고 초창기보다 어려워지고 있는 추세이다. 본래 검정고시 시험의 취지가 학교에 진학하지 못한 사람들을 배려하기 위한 것이기 때문에 수능이나 학력고사에 나 비해 난이도는 낮다. 그러나 검정고시를 통해 대학 진학을 계획하고 있는 경우라면 전 과목 만점을 받는 것이 유리하고 그러기 위해서는 충분한 공부가 필요하다.

대학 입시(수시 전형) 중에서 검정고시로 비교내신을 산정해주는 대학들이 있다. 따라서 수시 전형을 위해 높은 점수가 필요한 경우라면 다음 회차에 재시험을 보기도 한다. 응시방법은 교육청 홈페이지나 나이스에서 온라인 접수가 가능하고 공동인증서가 필요하다. 응시료는 무료이다. 8월에 시행되는 2차 검정고시의 합격자 발표가 수시 원서 접수 기간보다 빠르기 때문에 검정고시 합격증명서와 성적증명서를 발급받고 수시원서 접수에서 대학이 요구하는 서류를 제출할 수 있다.

미인가 대안학교 학생들은 검정고시 성적을 비교내신으로 산출한 등급으로 학생부 교과, 학생부 종합, 논술 전형 등으로 대학에 지원이 가능하다. 매년 대학의 수시 모집 요강을 꼼꼼히 읽어보면 '고등학교 졸업학력 검정고시 합격자' 또는 '법령에 따라 이와 같은 수준의 학력이 있다고 인정되는 자'라고 명시된 전형은 검정고시 합격자의 수시 지원이 가능하다. 그러나 모든 대학에서 검정고시 모집 전형이 있는 것은 아니고 선발 비중이 크지 않기 때문에 각 대학의 입시요강을 미리 잘 살펴보아야 한다.

면접

매년 차이는 있지만 대학 수시모집 면접의 평가 기준은 대체로 '논리적 사고력과 의사소통 능력 평가'가 주요 핵심이다. 기본적으로 면접은 블라인드 테스트이다. 면접의 비중 또한 대학마다 상이하지만 보통 30퍼센트 정도의 비중을 차지한다. 면접에서 입학 사정관들로부터 좋은 평가를 얻기 위해서는 면접관의 질문의 의도를 명확하게 파악하고 결론부터 말하는 연습을 해야 한다. 학생이 지원하는 대학별 기출문제를 적극 활용해서 모의 면접 준비를 여러번 하는 것이 도움이 된다. 자신의 진로와 학업 계획 등을 정확하게 설명할 수 있어야 하고, 대학을 지원한 동기에 대해서도 잘 어필할 수 있도록 철저한 준비가 필요하다.

공립학교 학생들의 경우는 생활기록부의 과목별 세부 특기사항

(세특)의 내용을 위주로 예상 질문을 만들어보고 면접 준비를 한다. 대안학교의 경우도 자체적인 생활기록부가 대부분 있고 일부 대학의 전형에서는 대안학교의 생활기록부를 제출할 수 있기 때문에 마찬가지로 생기부 내용을 중심으로 면접 준비를 하는 것이 좋다. 고등학교에서 평상시에 독서를 통해 사고력을 확장하는 것이 매우 중요하고 모든 면접에서와 마찬가지로 바른 태도와 자세, 또렷하게 전달되는 음성과 발음, 그리고 얼굴 표정도 중요한 요소가 된다. 가장 기본은 자신감이다.

자기소개서(자소서)는 2023 학년도를 마지막으로 대학입시에서 제외되었다. 자소서는 학생들 입장에서 많은 시간과 노력을 요하는 것이었기 때문에 일부에서는 자소서의 폐지를 찬성하는 분위기이지만, 대안학교 학생들의 경우에는 검정고시 이외에 제출할 수 있는 공식적인 자료가 제외된 것이라서 면접으로만 자신을 소개하고 표현할 수 있어서 자소서의 폐지가 반가운 소식만은 아니다.

입시시즌이 되면 면접학원 찾는 학생들이 많이 있는데 시간과 비용도 많이 들지만 그 효과에 대해서 잘 생각해보고 선택하는 것이 좋다. 대안학교의 경우에는 일반 공립학교의 교육과정과 다른 부분들이 많고 프로젝트 학습이나 동아리 활동의 특기사항들이 많기 때문에 자신만의 스토리를 만들어 놓는 것이 더 중요하다. 일반 입시학원에서 면접의 도움을 받는 경우는 학생 개개인에게 맞추어 모든 내용을 도움받기는 현실적으로 어렵다. 한 시간에 적게는 10만원에서 수십만원에 이르는 면접학원에 의존하기 보다는 학생이 3년간 학습해온 내용을 바탕으로 스스로 꼼꼼하게 예상 질문을 만들어 보고 친구들이나 선배들과 모의면접을 연습해 보는 것이 훨씬 더 도움이 될 것이다.

면접을 잘 보기 위해서는 평상시에도 자신있게 말하는 훈련을 하는 것이 중요하다. 다른 친구들 앞에서 발표하는 시간이나 토론하는 수업에 적극적으로 참여하다보면 논리적인 말하기 연습이 자연스럽게 이루어진다. 무엇보다 겸손한 자세와 태도로 다른 사람의 말을 경청하며 자신의 생각을 정확하게 전달하는 의사소통 능력은 미래의 인재상에 빼놓을 수 없는 역량이다.

수능

고등학교 3학년 재학생과 졸업생 또는 이와 동등한 자격이 있는 자 중에서 응시를 희망하는 사람은 대학수학능력시험(수능)을 치를 수 있다. 수능 시험의 영역은 국어, 수학, 영어, 한국사, 사회/과학/직업탐구, 제2외국어/한문 등 6개 영역이다. 수능 시험 관리 기관은 한국교육과정평가원과 시도교육청이다.

미인가 대안학교 학생들이 검정고시 합격을 통해 고등학교 졸업학력 인증을 받게 되면 수능 시험에 응시할 수 있다. 현재 대입의 전형은 크게 수시와 정시로 나뉘는데 수능 성적만 가지고 대학에 지원할 수 있는 제도가 정시제도이다. 다시말하면 생활기록부가 없는 대안학교의 학생들도 수능 시험을 통해 얼마든지 대학에 진학할 수 있다는 의미이다. 다만 수능 시험에서 높은 등급을 받기 위해서는 절대적인 공부량과 시간이 필요하고 많은 문제를 풀어봐야 하기 때문에 대안학교에서 다양한 활동들을 하면서 동시에 수능을 준비하기에는 시간적인 한계와 어려움이 있다.

수시 지원을 하는 학생들 중에도 대학이 정해놓은 수능 성적 하한선을 맞추어야 하는 경우가 있는데 이것을 수능 최저 학력 기준 (수능 최저)라고 한다. 올해의 입시 요강을 살펴보면 국공립 대학들은 대체로 수시모집에 수능 최저 기준 조건이 있다. 수능 최저는 보통 3합 10, 2합 7 과 같이 표현한다. 위의 수능 과목 중에서 2합은 2과목을 말한다. 2과목의 등급 합산이 7등급이내 이면 최저 기준을 맞추게 되는 것이다. 예를 들어 국어 4등급과 영어 3등급을 받은 학생이라면 2합 7의 조건을 맞춘것이다. 영어과목의 경우 절대평가를 하고 있기 때문에 90점 이상이면 1등급 80점 이상이면 2등급을 준다. 작년과 비교해 봤을때 수능 최저 기준 역시 사라지고 있는 추세이다.

추천서

수시 모집에서 전형에 따라 추천서가 필요한 경우가 있다. 매해 대학 홈페이지의 입시 요강을 잘 읽어보고 필요한 경우라면 추천서를 미리 준비해야 한다. 해외 대학의 경우는 추천서를 많이 참고하는 편이지만 우리나라의 대학은 추천서를 보는 곳이 많지 않다. 대안학교 학생들이 대학에 제출할 수 있는 자료가 부족하기 때문에 대체 서류를 요구하는 곳들이 있는데 서류들을 자세히 살펴보고 추천서가 가능하면 잘 준비해서 보내는 것이 유리하다. 입시 요강에 나와 있는 것 외에도 대학별로 독자적 기준에 의한 특별전형들이 있으니 다양한 전형들을 꼼꼼히 찾아보고 필요한 경우라면 대학에 직접 전화로 문의를 해보는 것도 좋은 정보를 얻을 수 있는 방법이다.

대학 입시 정보 사이트

'대입정보포털 어디가(adiga)'와 '검정고시로 대학어디가' 사이트를 방문해보면 유용한 대학 입시 정보를 얻을 수 있다. 검정고시전형과 대안학교 전형으로 지원 가능한 대학의 입시 정보를 한눈에 찾아볼 수 있다.

교육과정평가원의 기출 자료실에 들어가면 검정고시와 수능 기출문제를 무료로 다운받아 볼 수 있다.

교육과정평가원 www.kice.re.kr
나이스 www.neis.go.kr
대입정보포털 어디가(adiga) www.adiga.kr
검정고시로 대학어디가 www.gumjung.co.kr

대안학교 학부모 추천 도서

아이들을 대안학교에 보내면서 나는 어느 때보다 많은 책을 읽었다. 자녀교육 책을 비롯한 여러 분야의 책을 읽었는데, 책읽기는 내 사고의 폭을 넓혀주었을 뿐만 아니라 대안교육의 길을 걸어오는 동안 내가 중심을 잡을 수 있도록 해주었다. 아이들을 키워오는 동안 읽었던 책들 중에서도 여러 번씩 반복해서 읽고 그때마다 깊이 있는 감동을 선사해주었던 몇 권의 책들을 소개하려고 한다.

찰스 디킨스, 『위대한 유산』

위대한 소설은 내면의 오랜 상처를 치유해주고 어떻게 인생을 살아가야 하는지에 대한 방법과 통찰을 제공해준다. 온화하고 정직한 성품을 가진 사람의 영향력은 얼마나 멀리에까지 미칠 수 있는지 알 수 없지만 적어도 가까이 있는 한 사람의 인생을 변화시키고도 남음이 있다. 이 책은 나로 하여금 그런 선량하고 사려 깊은 눈빛으로 삶을 경건하게 살아가기를 소망하게 한 책이다.

찰스 디킨스, 『두 도시 이야기』

누군가 나에게 '인생책'을 묻는다면 주저 없이 '찰스 디킨스의 소설'이라고 말할 것이다. 그중에서 『두 도시 이야기』는 읽을 때마다 가슴 속 깊은 파동을 일으키는 책이다. 사랑을 인간의 기준으로 재단하려 할수록 우리 인생의 테마는 빈곤해지기 마련이다. 메마른 정신은 언제나 풍요로운 들판의 생명력을 열망하고 비록 가보지 못한 길일지라도 그 길 위에 펼쳐져 있는 눈부신 슬픔과 숭고한 빛을 동경하게 한다. 이 소설은 나에게 그런 숭고함의 빛을 일깨워준 책이다.

게리 토마스, 『부모학교』

자녀들이 어려운 난관에 부딪힐 때마다 "훌륭한 성품은 고요하고 잔잔한 삶 속에서 빚어지지 않는다."라는 말로 용기를 준 책이다. 자녀를 아끼고 사랑할수록 때로는 부모의 보호막을 의도적으로 거두어야 된다는 것이 말처럼 쉬운 일은 아니다. 그럼에도 자녀들에게 안락한 삶이 주는 행복보다 더 높은 가치와 덕목을 가르치기 위해 부모는 늘 고민해야 한다. 가장 좋은 것만 주고 싶은 부모의 마음이 과잉 보호 속 연약한 자녀가 되게 하는 것은 아닌지 깊이 생각하게 해주는 책이다.

브래들리 히스, 『조용한 혁명 기독교 학교』
절대 중립적이지 않은 공립학교의 중립교육을 매섭게 비판하는 책이다. 처음 읽었을 때 느꼈던 불편함은 그동안 공립학교의 교육을 받으며 고정되어온 나의 가치관이 송두리째 흔들렸기 때문이었다. 비분리주의 철학을 고수하는 공교육은 중립교육이라는 명제 아래 비기독교적 가치관을 학생들에게 주입한다. 그러나 비기독교적 가치관은 중립이 아니라 성경적 가치관의 정반대가 되는 개념이다. 부드러운 사고와 편안한 마음으로 읽기에는 다소 어려움이 있지만 기독교 교육이 지향해야 하는 방향과 자녀의 독서교육에 대한 깊이 있는 통찰을 제공해주는 책이다.

유진 피터슨, 『거북한 십대 거룩한 십대』
유진 피터슨의 자녀교육에 대한 생각과 경험을 담은 십대 부모들을 위한 지침서이다. 이 책을 읽다 보면 부모는 사람이기 이전에 사랑의 모습 그 자체가 되어야 할 것만 같다. 절대 조용하게 성장하지 않는 자녀들 앞에서 사랑의 실체로 살아가는 모습이 과연 가능한 일일까 싶지만, 그럼에도 자녀를 향한 부모의 사랑과 용납은 어떤 경우에라도 포기할 수 없는 것이다. 자녀들을 양육하는 동안 부모의 성장도 함께 이루어진다. 그렇기 때문에 청소년기의 자녀는 중년의 부모에게 신이 주는 특별한 선물이다.

정민, 『삶을 바꾼 만남』

가르침이 사람을 변화시킬 수 있을까? 참스승과 제자의 관계가 희미해져가는 요즘 시대에 다산과 제자 황상의 만남은 우리에게 특별한 울림을 준다. "저 같은 아이도 공부할 수 있나요?"라는 제자의 질문에 "공부란 너 같은 아이가 하는 것이다."라고 했던 스승의 말 한마디는 소년 황상의 삶을 송두리째 뒤흔들어놓았다. 스승의 삶이 곧 가르침이 된다는 의미는 자녀를 기르는 부모들에게도 마찬가지로 적용되는 말이다. 자녀들이 인생의 스승을 만나 변화되는 삶을 살아갈 수만 있다면 우리는 모든 것을 뒤로하고 그곳으로 달려가야 한다.

정약용, 『유배지에서 보낸 편지』

로마시대 귀족들에게는 책을 읽어주는 노예가 있었다. 요즘으로 말하자면 일명 오디오북인 셈이다. 이러한 소리책은 인류가 본래부터 독서를 하던 방식이었다. 고대 로마인들의 연회에서는 책 읽는 노예가 문학이나 철학책을 낭독해주었고, 어떤 부자들에게는 책 내용을 통째로 암기하는 노예도 있었다. 주인이 명령하기만 하면 언제라도 책의 내용을 들려주어야 했던 노예는 아마도 목숨을 걸고 책을 외웠을 것이다. 철학을 비롯한 고전서들을 통째로 암기했던 그들은 말 그대로 살아있는 책이었다. 정신적으로 주인들보다 우위에 있었을 그들이 노예로 살아갔던 이유는 무엇이었을까?

정약용의 『유배지에서 보낸 편지』를 읽다 보면 다산의 삶이 마치 로마시대의 책 읽는 노예와 비슷하다는 생각이 든다. 오로지 읽고 쓰고 외우기를 반복하며 책과 더불어 살았던 다산의 삶, 다리를 바닥에 붙이고 앉아 독서를 하는 동안 복사뼈에 세 번이나 구멍이 나도록 책에 몰입했던 다산의 삶은 노예가 목숨을 걸고 책을 외웠던 모습과 다를 바가 없어 보인다. 책과 점점 거리가 멀어지는 현대 사회에 부모가 먼저 여러 번 읽고 자녀들에게도 추천하면 좋을 책이다.

빅터 프랭클, 『죽음의 수용소에서』

무려 열 번이나 블로그에 리뷰를 했을 정도로 반복해서 읽었던 책이다. 죽음이 삶보다 일상화된 나치의 수용소 아우슈비츠에서 빅터 프랭클 박사를 살아남게 했던 것은 출판을 위해 집필 중이던 원고에 대한 강렬한 열망이었다. 압수당한 원고를 다시 새롭게 쓰고 싶다는 정신의 역동성이 그로 하여금 살아야 할 이유를 분명하게 해주었다. 인간에게 삶의 의미란 최악의 상황에서조차도 살아남게 하는 원동력이 된다. 그리고 어느 정도의 긴장 상태는 우리를 정신적으로 더 건강한 상태로 만들어준다.

우리에게 실제로 필요한 것은 긴장이 없는 '항상성'의 상태가 아니라 오히려 자유 의지를 가지고 선택한 가치 있는 목표를 향해 투쟁하는 삶이라고 말하는 빅터 프랭클 박사의 조언이 현대를 살아가는 부모와 자녀들에게 반드시 필요한 조언이 될 것이다.

에리히 프롬, 『소유냐 존재냐』

인간은 육체적으로 영원한 존재가 아니다. 유한한 존재이기에 더욱 주어진 시간 속에서 품위 있는 삶을 살아가기 위해 노력해야 한다. 에리히 프롬은 시간을 존중하는 것과 시간에 굴복하는 것이 별개의 문제라고 말한다. 시간을 소유하려고 하면 할수록 시간에 굴복하게 된다. 반면 초월적 시간 속에 존재하는 사람들은 시간을 존중하며 살아간다. 외적인 실현이 당장의 눈앞에 펼쳐지지 않을 때에라도 존재론적 시간을 살아가는 사람들에게는 미래를 현재로서 체험할 수 있는 참된 신념의 토대가 존재한다. 자녀의 미래를 향한 부모의 시간도 소유의 시간이 아닌 존재하는 시간이 되어야 한다는 통찰을 얻게 해준 책이다. 에리히 프롬의 책은 두고두고 반복해서 읽을수록 참맛을 느낄 수 있는 고전이다.

에리히 프롬, 『사랑의 기술』

"사랑은 사랑하고 있는 자의 성장에 대한 우리들의 적극적인 관심이다. 사랑이란 인간의 성숙도와 상관없이 누구나 쉽게 탐닉할 수 있는 감상이 아니라, 참된 겸손, 용기, 신념, 그리고 무엇보다 훈련이 필요한 기술이다."

에리히 프롬의 사랑에 대한 정의는 우리에게 사랑과 사랑하며 살아가는 삶에 대한 깊이 있는 성찰을 하게 해준다. 사랑의 능력도 기술처럼 훈련하고 연마해야 한다는 그의 말은 지금 우리가 살아가는 삶 속에서 마주하는 모든 삶의 문제에 대한 신중한 해답을 제시해준다.

스티븐 킹, 『유혹하는 글쓰기』

"글쓰기란 작품을 읽는 사람들의 삶과 작가 자신의 삶을 동시에 풍요롭게 해주는 일이다. 글쓰기의 목적은 살아남고 이겨내고 일어서는 것이다. 또한 행복해지는 것이다. 글쓰기는 마술과도 같다. 창조적인 예술이 모두 그렇듯 사람을 살리는 생명수와도 같다."

침실에서 잠을 자고 꿈을 꾸듯 작가도 자신만의 공간에서 꿈을 꾸는 사람이다. 작가에게 글쓰기란 창조적인 잠이다. 스티븐 킹의 책은 독서와 글쓰기에 대한 욕구를 불러일으키는 책이다. 글쓰기에 대해 동기부여를 지속적으로 받고 싶다면 이 책을 주기적으로 읽어보면 좋다.

박경리, 『토지』

박경리의 장편소설 『토지』는 적어도 나에게는 결코 가볍게 시작할 수 없는 소설이다. 우선 마음을 굳게 먹고 완독의 의지를 불태운 다음 주변 지인들에게 완독하겠다는 선포를 하고 난 후에야 1권을 집어 들고 읽기 시작했다. 그렇게 해서 끝까지 읽을 수 있었다. 물론 한번 읽기 시작하면 너무 재미있어서 끝까지 읽게 되지만 그래도 스무 권이나 되는 대하소설을 읽으려면 제법 각오가 필요했다. 의지를 불태우며 지금껏 세 번의 완독을 했다. 읽을수록 주인공들에 동화되어 삶의 희로애락을 깊이 이해할 수 있었다.

헨리 데이비드 소로, 『월든』

가끔은 소박한 자연 속에서 살아가는 삶을 꿈꾸기도 한다. 그러나 현실의 당면한 일들을 뒤로하고 자연으로 들어가기에는 현실적으로 어렵다. 이 책이 놀라운 것은 소로가 도시 생활을 버리고 숲속으로 들어갔다는 점이 아니라 그의 정신에서 비롯된 시대를 초월하는 깊은 성찰이 담겨 있다는 점이다. 누구나 이런 삶을 선택한다고 소로와 같은 철학자가 쉽게 될 수 있는 것은 아니다. 그래서 이 책이 많은 사람의 사랑을 받고 누군가에게는 삶의 이정표가 되는지도 모르겠다. 팍팍한 현실이 무겁게 느껴질 때 소로의 월든 호숫가 숲속 길을 함께 걸어보는 것은 어떨지. 분명 행복한 산책이 될 것이다.

별 헤는 학교 대안학교 졸업생이
버클리 음대에 간 꿈같은 이야기

나만의 별을 찾는 아이들

초판 1쇄 인쇄 2023년 1월 20일
초판 1쇄 발행 2023년 1월 25일

지은이 장유행
책임편집 하진수
디자인 그별
펴낸이 남기성

펴낸곳 주식회사 자화상
인쇄,제작 데이타링크
출판사등록 신고번호 제 2016-000312호
주소 서울특별시 마포구 월드컵북로 400, 2층 201호
대표전화 (070) 7555-9653
이메일 sung0278@naver.com

ISBN 979-11-91200-72-0 13590

ⓒ장유행, 2023

파본은 구입하신 서점에서 교환해 드립니다.
이 책은 저작권법에 의하여 보호를 받는 저작물이므로 무단 전재와 복제를 금합니다.